ENRIQUE MARIO MARTÍNEZ

OCUPÉMONOS
DEL ESTADO DE BIENESTAR
AL ESTADO TRANSFORMADOR

1ª edición, septiembre de 2017

© Enrique Mario Martínez
© Ocupémonos. Del estado de bienestar al estado transformador

ISBN: 9781980622017
IMPRINT: Independently published

EDICIÓN DE TEXTO Y RECOPILACIÓN DE EXPERIENCIAS
Eduardo Blanco

EDICIÓN GRÁFICA Y DISEÑO
Catalina Ruiz Luque

FOTOGRAFÍAS
Leandro Martínez

TIPOGRAFÍAS
Karmina, de Verónika Burian y José Scaglione / *Typetogether*
Montserrat, de Julieta Ulanovsky

A Patricia y a todos los nuestros,
propios, cercanos o ajenos que vienen detrás,
que harán florecer estas ideas.

SOBRE EL AUTOR

ENRIQUE MARIO MARTÍNEZ es ingeniero químico, nacido en Mendoza, Argentina. Fue presidente del Instituto Nacional de Tecnología Industrial (INTI) entre 2002 y 2011, Secretario de Pymes (1986-87 y 2001) y diputado nacional (1999-2000). Actualmente es Coordinador del Instituto para la Producción Popular (IPP).

Ha publicado columnas sobre temas vinculados con la producción y la democracia económica en diversos medios, entre ellos los diarios *Página/12* y *Tiempo Argentino*. Impartió charlas y cursos de formación sobre la producción popular y la democracia económica en diversos puntos del país.

Es autor de una trilogía sobre esta temática: *Una que podamos todos* (IPP, 2014), *Animémonos y vamos* (IPP, 2015) y *Vamos a andar* (IPP, 2016).

ÍNDICE

EXPERIENCIAS

JUSTIFICACIÓN

La forma de vida en el mundo, luego de tres siglos de intensa hegemonía del capitalismo como modelo de organización económica y por ende social y política, no puede ser tomada como un marco de referencia definido, sobre el cual los movilizadores sociales pasan a pujar por construir el mundo deseado.

Creer que todo aspecto negativo podría ser modificado y toda faceta positiva reforzada, con la sola condición de ejercer el poder sobre los sistemas de administración comunitaria vigentes, implica ignorar la inercia con que se mueve toda sociedad en el planeta.

En términos prácticos, esa mirada lleva a concentrar el entusiasmo político en las elecciones periódicas, en las cuales se imagina que se conseguiría las preciadas llaves para construir el futuro. De tal modo, simultáneamente se valida el concepto contrario: nada puede cambiar si no se accede al poder político, que es el gobierno en alguno de sus estamentos.

Lamentablemente, la historia del capitalismo marca un agudo proceso de concentración de patrimonios y de ingresos, con su correlativa concentración de poder económico. Eso hace cada vez más lejana la posibilidad que quienes no pertenezcan a ese ámbito o sean apoyados por él, accedan al poder político o provoca que los intentos transformadores que logran poner un pie en la administración del Estado, transiten espacios de alta inestabilidad, por el acoso de sectores que después de generaciones se consideran los legítimos decisores sobre la vida de la comunidad.

Aparece así un rasgo de las sociedades complejas, que podemos llamar la cultura de la resistencia, que de modo curioso, se ejerce tanto cuando se está fuera del gobierno, como cuando se ganan elecciones. La cultura de la resistencia es tan generalizada que hasta deberíamos considerarla un atributo positivo, si la contrastamos con la eventual cultura de la adaptación, que describe todos los comportamientos resignados a admitir que el poder concentrado será quien ordene nuestras vidas.

¿En qué consiste esa idea de resistencia?

Ante todo, que el conjunto del accionar político se realiza admitiendo que el adversario cuenta con mayor fuerza que nosotros y en los aspectos esenciales, con la capacidad de decidir. En tal marco, nuestra prédica es de reclamo al poderoso, para que reduzca los daños que nos está causando o, en algunas otras ocasiones menores, para que realice tareas que nos pueden beneficiar. En todo momento, se supone que quien gobierna debe diseñar e implementar las soluciones a problemas de los cuales nosotros exponemos las consecuencias, pero prácticamente nunca identificamos y enfatizamos las causas, ni tampoco las relaciones causa efecto debidas.

Resistimos. Lo hacemos a través del reclamo a quien debe habilitar las soluciones, las que también creemos que debe imaginar y construir.

Tan fuerte es este condicionamiento cultural en los sectores populares que es simple y directo encontrar numerosos ejemplos de casos donde estos sectores acceden al gobierno y consideran como política más efectiva controlar a los poderosos, más que cambiar las estructuras productivas. Imaginan así una suerte de limbo, en que el capitalismo concentrado es compatible con la justicia social, que se alcanzaría haciendo una adecuada regulación de las apetencias económicas de los que más tienen.

Resistimos afuera del gobierno y resistimos en él, fortaleciendo el imaginario colectivo que coloca el poder en pequeños grupos, sin los cuales no habría destino. Trasladamos este escenario a todo ámbito comunitario, incluyendo espacios que se han convertido en decisivos en el mundo de este siglo, como las comunicaciones. El término «prensa hegemónica», por ejemplo, lo creamos desde el campo popular y han sido muy superiores los esfuerzos aplicados a confrontar con los medios de difusión más poderosos, que aquellos otros destinados a permitir la expresión popular en toda la geografía nacional y con la multiplicidad de voces que debe corresponder.

Resistimos.

Este libro tiene el ambicioso objetivo de habilitar un camino paralelo: la construcción de una alternativa superadora, que permita optar. Las próximas generaciones deberán convivir y confrontar con variadas formas de poder económico; habrá quienes se adapten a ellas y quienes se opongan. Además, debería crecer la proporción de ciudadanos que convivan con esa realidad, pero desde una práctica ni defensiva, ni resignada; una práctica conducente a construir un tejido social donde el objetivo superior sea atender las necesidades comunitarias y aspirar a transitar por el mundo con felicidad.

Muchos filósofos, sociólogos, eclesiásticos, economistas, políticos, han planteado este objetivo en el pasado. Muchos murieron frustrados, pero muchos otros pasaron con la sensación que tenían parte de la solución en sus manos y la condición biológica de una vida finita les impedía darle forma.

Es preocupante advertir la muy baja proporción de pensadores actuales aplicados al pensamiento transformador profundo, que pretenda ser concreto y realista. Los panegiristas del sistema vigente se juntan en pala. Los que resisten a los efectos pero no encuentran las causas últimas, ni por consiguiente como actuar sobre ellas, son legión. Los escépticos, resignados, frustrados, que ni se adaptan ni resisten, cuentan con toda nuestra solidaridad, pero deberían advertir la poca sustancia de ser cronistas del despojo y la miseria de tantos.

Probemos sumarnos a la locura de creer que hay puertas por abrir.

—
LOS TRES PLANOS DE ANÁLISIS

CAPÍTULO 1

Este no es un tratado académico. Si los diagnósticos y propuestas quedan fuera del alcance de un ciudadano medio interesado por su comunidad, dejarán en evidencia el fracaso del comunicador, para quien nada está más lejos que la vocación de encerrarse en alguna jerga específica de pequeños círculos.

Hecha esta aclaración básica, avanzamos hacia el primer nudo importante: Cuál es nuestra preparación para analizar la realidad.

El grueso de los ciudadanos no hace un análisis detallado de la metodología que utiliza para examinar cualquier tema comunitario. Su historia personal, que incluye la tradición familiar y la educación recibida, además de sus reflejos sociales, que dependen de gran cantidad de factores distintos, lo llevan a disponer de un número de valores más o menos simples, sobre los cuales toma decisiones.

En el plano político, grandes opciones que han afectado en sentidos variados a toda la comunidad, se han tomado en el último medio siglo en Argentina, a partir de poner el foco sobre cuestiones tan diversas como:

- La honestidad de los gobernantes para administrar el Estado. Esto ha sido un factor relevante cuando se estableció un consenso colectivo dominante sobre la deshonestidad de los dirigentes a reemplazar. Básicamente por esa razón ganó las elecciones Fernando De La Rúa en 1999.

- Un sentido de Patria o de Nación, amenazada por alguna potencia extranjera. Juan Perón fue elegido Presidente en 1946 bajo la consigna «Braden o Perón», ya que el embajador norteamericano Spruille Braden había incursionado groseramente en la política doméstica. Una dictadura militar pudo convocar a llenar la plaza de Mayo, cuando invadió las Islas Malvinas.

- La inestabilidad fuerte en el manejo de las finanzas públicas, llegando incluso a la hiperinflación, con enorme retroceso en la capacidad de consumo popular. Así llegó Carlos Menem a la Presidencia.

- La vocación de administración pacífica de los conflictos, como sucedió al dejar atrás el Proceso Militar en 1983 y elegir a Raúl Alfonsín.

- Un estilo de conducción y comunicación masiva controvertido, como el de Cristina F. de Kirchner, que generó fuertes adhesiones y por otro lado abrió una brecha para la manipulación mediática de grandes masas en contra del proyecto que ella lideraba. Tal vez haya sido ésta la elección de mayor acumulación de factores emotivos, no ordenables en una grilla racional, para entender cómo se definieron los votantes.

En ninguno de los casos es posible identificar una explicación programática abarcativa, en que la ciudadanía haya optado por un rumbo de país teniendo claros todos los matices que ello implica. Se decidió el rumbo por un puñado de aspectos puntuales, de los que los más relevantes formaban parte de la crisis de la cual se quería salir; porque en efecto, es importante tenerlo presente, buena parte de los cambios se dieron en escenarios traumáticos para la sociedad.

El caso más singular y que motiva la reflexión más profunda es el de la elección que hizo Presidente a Mauricio Macri.

En un capítulo posterior se presentarán algunos números que muestran con razonable certeza que el gobierno de Cristina Kirchner fue el que dejó el país en mejores condiciones macroeconómicas en más de medio siglo, exceptuando el gobierno de Néstor Kirchner, que legítimamente debe considerarse un capítulo del mismo proyecto. O sea que el cambio no puede haber sido impulsado por una crisis económica.[1]

Tampoco había conflicto interno de poderes o una distribución regresiva de ingresos que motivara el reclamo de grandes masas de población.

El voto popular mayoritario, si bien por escaso margen, se definió, como ya se señaló, por aspectos no estructurales, por formas de relación entre el gobierno y algunos sectores sociales, que fueron manipuladas de maneras técnicamente muy inteligentes, por el espacio triunfador en el ballotage.

Algo más de un año después del recambio presidencial, se puede afirmar sin prejuicio que una fracción relevante de la población votó contra sus propios intereses. Lo hizo además sin tener encima la tensión que genera una hiperinflación o una dictadura que se cae o escenarios similares, lo cual es francamente preocupante. Esta contradicción afecta no solo a esos votantes sino a la generación que le sigue, que depende de ellos.

Es un motivo más que suficiente para tratar de encontrar un sendero más metódico para analizar los contextos comunitarios. No se trata de construir manuales de autoayuda para mejorar nuestras decisiones, pero vale la pena detenernos un momento y entender cuáles son los factores que nos llevan a elegir una u otra vía.

A nuestro criterio hay tres planos diferentes que un individuo debería considerar para entender el funcionamiento de la sociedad.

PRIMERO: Aquello que otros hacen o definen y que condiciona nuestras vidas por el solo hecho que sucede, que existe. Este conjunto de hechos es lo que llamamos **las condiciones estructurales.**

Se trata de todo el sistema de producción y distribución de bienes y servicios al que está integrada nuestra condición de vida, incluyendo la vinculación con el exterior, sea por intercambio de bienes o porque personas que viven en otros países son dueñas de patrimonio productivo nacional.

Ese sistema es dinámico. Incluso puede modificarse en algunos aspectos por iniciativas que tomemos nosotros, individualmente o en conjunto. Pero la densa red de interacciones y dependencias, debemos admitir en cada momento que nos condiciona, más allá de nuestra voluntad.

SEGUNDO: La manera en que los gobiernos administran el conjunto de los temas públicos, dentro de esas estructuras. **Es la gestión comunitaria.**

Toda sociedad tiene reglas de funcionamiento, que buscan administrar los conflictos y en términos generales conseguir que el futuro sea mejor para todos.

Esas reglas se plasman en normas públicas, cuya gestión está a cargo de funcionarios elegidos de modo variado.

Se modifican a lo largo del tiempo, por iniciativa de los funcionarios, que de manera directa o indirecta –la mayoría de las veces muy indirecta– es validada por la población. La administración de las reglas vigentes afecta en poca medida las condiciones estructurales, pero la modificación de esas reglas puede generar cambios estructurales, de diversa importancia.

TERCERO: La forma como cada uno vive esos escenarios. Lo que llamamos **la subjetividad**, que es la mirada de cada sujeto sobre sí mismo y sobre los demás.

La gente no sale de un repollo. Aparece en la vida y en la historia, dentro de ciertas condiciones estructurales, que a su vez influencian y son influenciadas por la gestión del Estado, la gestión comunitaria.

La relación con esas dos influencias –la estructura y la gestión pública– no es mecánica ni está determinada de manera rígida. Depende de varios factores. Un mínimo listado sería:

- La ubicación relativa en la estructura; cuantas personas se cree que están en mejor condición de vida que la propia y a la inversa.
- La perspectiva de evolución dentro de la estructura.
- Los temores económicos o físicos sobre el futuro.
- El peso asignado a la competencia o a la cooperación entre personas.
- La forma en que se cree se vincula el futuro personal a la suerte colectiva.

De ese menú –más propiamente de esa ensalada–, agregando factores psicológicos de origen familiar, que incluyen historias de relación con los padres o con los hijos, surgen los reflejos de cada uno de nosotros.

Hay una relación entre los tres elementos descritos, que se puede representar como un triángulo, con sus catetos bidireccionales, señalando así la influencia mutua en cada caso.

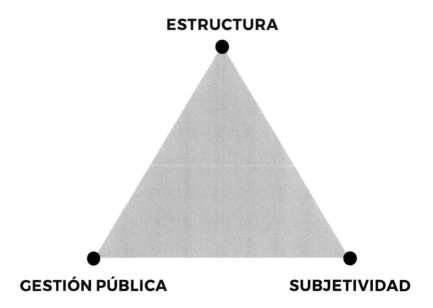

Las condiciones estructurales son hegemónicas, pero la gestión puede modificarlas y a su vez la evolución de la subjetividad colectiva puede cambiar la gestión y con ello partes de la estructura. Hay interacción entre los componentes, pero la clave para aspirar a una vida mejor es advertir todo el tiempo que esa interacción es dinámica, por razones que los individuos en ciertas circunstancias controlan y en otras no.

El punto crítico para toda estrategia política es discernir los límites que impone la estructura a la gestión; cuándo es el tiempo en que la sola administración se hace insuficiente y se deben agregar componentes de transformación estructural, a riesgo de fracasar en el objetivo de mejorar la vida comunitaria.

Un par de ejemplos históricos pueden aclarar esta idea.

LOS ANARQUISTAS DE PRINCIPIOS DE SIGLO 20

El ideario anarquista que acompañó a miles de inmigrantes europeos llegados a Argentina a fines del siglo 19 y principios del 20, corridos por estados autoritarios, reducía el triángulo mencionado a un conflicto frontal bilateral entre la estructura y la subjetividad. El Estado era simplemente el representante de los poderosos y nada había que discutir sobre su gestión, hasta destruirlo, para luego construir una nueva sociedad. En este escenario límite, los activistas lisa y llanamente no pujaban por acceder a la gestión pública, sino por confrontar con un aparato que consideraban su enemigo.

EL JUSTICIALISMO DE 1945 Y AÑOS SIGUIENTES

La construcción del proyecto justicialista –que ha sido y sigue siendo componente central de la vida argentina– comenzó en verdad con el golpe militar del 4 de junio de 1943, que destituyó al Presidente Ramón S. Castillo. Al asumir Juan D. Perón como Vicepresidente y Ministro de Trabajo, se aplicó de lleno a un área de la gestión pública con enorme potencial y hasta allí casi inexplorada.

La secuencia fue clara. Una gestión a favor de los trabajadores, creó subjetividad proclive a cambios estructurales y esa acumulación fue la que permitió concretar sucesivamente, el aumento de poder sobre la gestión pública que significó la llegada a la

Presidencia por vía electoral y luego desde allí numerosos cambios estructurales en el sistema productivo.

La relación triangular a que se ha hecho referencia queda totalmente a la vista cuando se analiza este período histórico, mostrando muy especialmente como la gestión potencia el cambio de subjetividad y juntos habilitan los cambios de estructura.

EL TRIÁNGULO HACIA ADELANTE

Aceptar como método ordenador que existen tres planos interconectados cuando se analiza la sociedad, es valioso. Usar ese esquema de manera simplificada y expeditiva para caracterizar algunas situaciones del pasado, también lo es.

Repetir el uso del triángulo para pensar el presente y su proyección hacia adelante, es habitualmente un problema de mayor dimensión, que nos exige ser especialmente prudentes. Por una razón básica: Nosotros formamos parte del problema y nuestra subjetividad está embebida en el escenario de hoy, se nutre permanentemente de él.

Al reconocer la existencia de la dificultad, es muy frecuente que los estudiosos sistémicos de la sociedad —con más herramientas teóricas y formación académica que quien esto escribe— traten de reducir el riesgo apelando a la construcción de categorías y subcategorías adicionales, buscando hacer más y más «objetivo» su trabajo.

Podría admitirse rápidamente que es un intento honesto y recomendable. Sin embargo, es imperativo advertir el riesgo que eso implica. A medida que aumenta la fragmentación del análisis social, se diluyen las ideas fuerza, a la vez que se coloca a los subgrupos de ciudadanos en anaqueles cada vez más rígidos, con descripciones que pueden ser hasta deslumbrantes como crónica de situación, pero que van reduciendo la capacidad de explicar las causas de los problemas y por supuesto, ocultan o desdeñan la forma de superarlos.

El observador, al extremar su vocación de objetividad, se queda fuera de escenarios que quiera o no forman parte de su presente, con lo cual pasa a no conocerlos y mucho menos poder explicarlos.

El neoliberalismo, a su turno, es despiadadamente pragmático: No le interesa caracterizar nuestra subjetividad, para trabajar colectivamente a partir de ella y lograr alguna mejora social. Le interesa manipularnos, para garantizar y fortalecer el control social de situaciones que le son propicias. La manipulación es una forma de gestión nada objetiva. Por el contrario, es de alta agresividad, buscando obtener resultados de una comunidad, que usualmente ignoren sus propios intereses.

De allí emerge el tremendo dilema del mundo moderno. Profundizamos el análisis desagregado de estructuras injustas y la forma en que ellas se estabilizan mediante la manipulación que el poder concentrado hace de nuestra subjetividad y en ese camino nos convertimos en cronistas sofisticados del drama, pero limitando nuestra posibilidad transformadora a la denuncia o al reclamo genérico sobre la necesidad que las cosas sean distintas.

¿Por qué? Por la simple y categórica razón que en el proceso de entender, de explicar, nos hemos quedado fuera del protagonismo. Son otros los que deberán implementar los cambios que nosotros propugnamos.

Nuestra relación con ellos −con los actores sociales cotidianos− pasa entonces por el discurso, o por un espacio peligroso: la puja por los ámbitos institucionales, pero como vía previa a la participación popular. Buscar el gobierno para fortalecer la calidad de vida de los más humildes, pero sin que éstos previa o simultáneamente formen parte de un sistema de acumulación de subjetividades que otorgue peso político al intento, lleva a utilizar los mismos instrumentos que son imputables a los proyectos conservadores; básicamente a manipular, mistificar, construir escenarios virtuales, ya que no se han recorrido los escenarios reales que se pretende ayudar a cambiar.

La forma de sacarse este cepo de encima se discute reiterativamente a lo largo de este libro. La clave es encontrar las prioridades adecuadas.

¿Tomar la administración pública como un dato y buscar acceder a ella para desde allí operar sobre la estructura y en paralelo apuntalar la subjetividad transformadora?

¿Sumergirse en el drama de los más humildes y recorrer con la mayor valentía posible la esquizofrenia de percibir la manipulación en vivo y en directo, para entender a la gestión pública como parte del proceso de liberación de las mentes?

¿Creer en la evolución lineal, tratando de ayudar a mejorar la condición de los humildes dentro de las estructuras vigentes?

¿Todo eso a la vez, como partes irrenunciables de un conjunto?

En alguno de los caminos deben aparecer las llaves que abran las puertas, para salir de la calesita en que nos encontramos hace más de medio siglo.

Con paciencia, buscaremos fortalecer a lo largo del texto, nuestra capacidad de analizar situaciones sociales complejas, sin perder de vista los ejes dominantes, aquellos que son decisivos a la hora de ganar o perder.

UN EJEMPLO DE EVOLUCIÓN ESTRUCTURAL

La ciencia económica ha construido desde sus inicios el concepto de **factor de producción.** Se llama así a un atributo necesario para la obtención de cualquier bien o servicio, que se debe combinar en proporciones variables con los restantes factores de producción.

En un principio, se caracterizó tres factores: tierra, trabajo y capital. Más allá de la discusión sobre si el capital debe ser considerado trabajo acumulado, lo concreto es que en el mundo moderno tiene entidad separable del trabajo.

A mediados del siglo 20, luego de décadas de debate académico sutil, se agregó un cuarto factor: el conocimiento tecnológico, que efectivamente es un atributo separable de los otros tres.

Para mejorar la aproximación al objetivo expresado antes, de contar con herramientas simples de análisis, vamos a examinar un caso en que uno de los factores de producción –la tecnología– ha sido el disparador de cambios en los vínculos entre los otros tres factores, que son tierra, capital y trabajo. Estos cambios se han dado tanto en términos de cantidad como de relación de poder entre ellos.

Se trata de la producción comercial de maíz.

Hay tres situaciones históricas en esta actividad, en los últimos 200 años, con algunas intermedias cuya omisión no quita veracidad ni fuerza a la presentación.

Primer estadio: Labranza con tracción a sangre, de semillas simples que surgían de guardar una pequeña fracción de la cosecha anterior, para tal destino.

Segundo estadio: Labranza con elementos mecánicos y un tractor. Uso de semillas híbridas, que resultan de fecundar las flores femeninas de una línea seleccionada de maíz, con el polen de flores masculinas de otra línea. El grano resultado de esa cruza se puede usar como semilla en un ciclo siguiente, con resultados de rendimiento muy superiores a los maíces simples sembrados con anterioridad. Como subproducto negativo, el grano obtenido al sembrar semillas híbridas no puede usarse a su vez como semilla, porque se obtendría un cultivo muy desparejo en el rendimiento entre plantas.

Tercer estadio: Labranza con tractores de gran potencia. Uso de semillas de híbridos genéticamente modificados, que permiten a las plantas ser tolerantes a herbicidas especiales y menos atacable por ciertas plagas. Esa tolerancia reduce la necesidad de labranza previa o posterior a la siembra que tenga por objeto eliminar malezas. La combinación de grandes equipos de labranza y la necesidad de menor cantidad de labores, posibilita trabajar grandes extensiones en poco tiempo y con poco personal.

La evolución de la importancia relativa de los cuatro factores entre los tres estadios, podría resumirse en el siguiente gráfico:

	TRACCIÓN A SANGRE SEMILLAS SIMPLES	TRACTOR HÍBRIDOS SIMPLES	TRACTOR ENORME HÍBRIDOS GM
TIERRA			
CONOCIMIENTO			
TRABAJO			
CAPITAL			

- El trabajo, que era central en el primer estadio, pasa a ser secundario y subordinado a los restantes factores.

- Aparece una diversidad de intereses, con sus respectivos beneficios o perjuicios, que no eran identificables en el primer escenario. Algunos de ellos:

- Al ampliarse la capacidad de trabajo de las cosechadoras, desaparece la oferta de máquinas para pequeños productores, que quedan dependiendo de la voluntad de contratistas que van recorriendo el país. Esto agrega mucha inseguridad a la ecuación y seduce al pequeño productor para que ceda en arriendo su propiedad a productores más grandes, convirtiéndose en rentista. Así, el número total de productores disminuye, mientras aumenta su tamaño promedio.

- Los semilleros se constituyen en un eslabón importante, al aparecer las semillas híbridas. Al agregarse el uso de herbicidas totales, producidos por los propios semilleros, convertidos en corporaciones multifacéticas, su relevancia se agiganta, pues un pequeño grupo de empresas pasa a controlar la tecnología clave.

- Los trabajadores golondrina, que son aquellos que trabajan fuera de su hábitat y a disposición de grandes empresas, pasan a ser legión en la tarea de cortar flores masculinas de líneas de maíz, en trabajos administrados por las corporaciones y cubren una extensa geografía.

Al quedar marginados los pequeños semilleros locales, también quedan desocupados los trabajadores que cubrían esas tareas en cada lugar, sin el desarraigo que implica el trabajo golondrina.

- Como culminación económica de la evolución, el capital –corporizado en el semillero– asume la hegemonía de toda la cadena, decidiendo directa o indirectamente cuáles son las retribuciones a que accede el dueño de la tierra; el arrendatario; el contratista; los golondrinas; con fuertes influencias sobre los gobiernos, a quienes presionan en el plano impositivo e incluso sobre los exportadores, con quienes pasan a competir y a quienes reemplazan en parte.

Este ejemplo pretende mostrar que los factores de producción no son independientes en términos absolutos. Una iniciativa en cualquiera de ellos, modifica la situación de los otros y define arquitecturas de poder económico nuevas, que pasan a condicionar el futuro de manera distinta.

El productor independiente que tenía un caballo o buey como principal auxiliar, cuando la tecnología construyó nuevos estadios, cedió lugar a un entramado hegemonizado por el capital concentrado y cuya dinámica futura queda enteramente subordinada a las decisiones que desde éste se tomen. La productividad y la producción totales aumentaron sideralmente. De eso no cabe duda. La discusión que normalmente no se da y cuya necesidad habitualmente se niega, sin embargo, es alrededor de los escenarios posibles adaptados a las nuevas tecnologías, formulando las hipótesis y estrategias que se requieran para lograr los resultados más equitativos posibles.

El capitalismo, en casi cualquier plano de la vida y de la economía, ha evolucionado de la manera reseñada, a saber:

Las modificaciones estructurales, sea básicamente por cambio tecnológicos o por importancia relativa del capital, se han producido autónomamente y han generado nuevos horizontes de vida para todos los involucrados. Solo a posteriori, ante la existencia de nuevos ganadores y perdedores, han intervenido los gobiernos, como administradores de la sociedad en su conjunto. En ocasiones, buscando reducir o eliminar los daños. En otras, bajo la influencia de los ganadores, han tomado decisiones que consolidan el nuevo poder emergente de los cambios en los modos de producción.

La subjetividad social, a su turno, se modifica progresivamente y en una suerte de círculos concéntricos. En primer término, los directamente involucrados como productores. En segundo término, aquellos alcanzados por el cambio en su condición de consumidores o posibles nuevos integrantes del sistema. Finalmente, el resto de la sociedad se suma luego que los gobiernos adoptan medidas defensivas de los afectados o promotoras de los beneficiados y lo hace en escenarios influenciados por la manipulación masiva, ejercida de múltiples formas diversas.

Vamos hacia esta cuestión desde una mirada más abarcativa.

EXPERIENCIAS

—
UN PARAÍSO NEOLIBERAL SIN PROPIEDAD PRIVADA

Singapur es una de las joyas más preciadas del neoliberalismo. Una ciudad-estado de 5,4 millones de habitantes que se ha convertido en uno de los principales centros financieros del mundo. Curiosamente también es un ejemplo de cómo la atención de una demanda social básica puede cambiar las condiciones estructurales de un país a partir de una política de gestión comunitaria apoyada por los ciudadanos.

Tras su independencia definitiva, en 1965, Singapur tuvo que decidir en qué forma podría asegurarles la vivienda a sus habitantes en sus escasos 720 kilómetros cuadrados de superficie. Aunque sus políticas económicas siempre se basaron en los postulados del libre mercado y una fuerte arquitectura exportadora, a la hora de decidir sobre la vivienda, los gobiernos singapurenses optaron por una salida fuera de los manuales liberales.

A partir de 1967, el Estado –que ya tenía la propiedad del 44 por ciento del territorio– comenzó una política de compra de tierras a particulares, expropiación e indemnización, que le permitió tener la titularidad de más del 80 por ciento de la tierra en pocos años. Esta estatización les permitió, desde entonces, planificar políticas que hoy cubren las necesidades del 95 por ciento de los habitantes. Los singapurenses pueden tener así una vivienda en comodato por 99 años. Vale decir que tienen un techo seguro a partir de un sistema de terrenos fiscales y un aporte obligatorio que realizan a lo largo de su vida laboral.

Para llevar adelante este sistema, Singapur tiene un ente estatal, la Junta de Vivienda y Desarrollo, que planifica, construye, asigna y concesiona las viviendas de la mayoría de su población. Con esa gestión comunitaria, desaparecieron los principales problemas que genera el mercado inmobiliario en el resto de los países. Todos son propietarios de comodatos que les aseguran la vivienda, pero nadie es dueño de la tierra, cuyo precio está estabilizado y no puede ser manipulado por las especulaciones del mercado.

Las viviendas públicas son de tan buena calidad que la construcción privada tiene un escaso margen de competencia y no pesa en el valor de las casas. Las casas que construye el Estado son equipadas con energías renovables y sistemas diseñados para el cuidado del medio ambiente, lo que está convirtiendo a Singapur en un país modelo de estas nuevas tecnologías.

ALGUNAS PINCELADAS SOBRE EL CAPITALISMO

CAPÍTULO 2

El mero hecho de intentar presentar alguna idea sobre el capitalismo y su evolución a esta altura de la historia, podría ser rápidamente considerado –no sin razón– como una falta de respeto o una pérdida de tiempo, frente a estudios académicos y para académicos que llevan siglos de evolución.

Sin embargo, este texto se está escribiendo en momentos en que buena parte de los líderes mundiales ha llegado al gobierno defendiendo las peores versiones del capitalismo global, plagadas de sectarismo, racismo y voluntad de exclusión, en un mundo cada vez más desigual, con temas descalificadores para el sentido mismo de la vida humana, como las crisis de refugiados en Europa.

Esa grosera incapacidad de hacer coincidir la vida comunitaria con las teorías que supuestamente ordenan al mundo en escenarios prósperos, no solo habilita a entrar al debate con pergaminos modestos, sino que diría que obliga a hacerlo.

EMPECEMOS POR EL PRINCIPIO

El capitalismo comenzó a causa de un avance tecnológico, como en el ejemplo desarrollado en el capítulo anterior, solo que éste no fue ni puntual ni implementado en un corto plazo, sino a lo largo de siglos. Fue a partir de la progresiva superación de las limitaciones en la producción de alimentos, que concentraba toda la atención de cada comunidad en la disponibilidad del sustento, sea por producción propia o por guerras que lo consiguieran.

Los cambios en las técnicas de labranza y la ocupación de tierras más diseminada y más eficiente hizo aparecer al mercado como un lugar distinto del tradicional, donde se intercambiaban muy modestos excedentes de la producción doméstica.

Se pasó a producir **para** el mercado, al cual concurrieron consumidores que dispusieron de capacidad de compra, aunque no vendieran nada allí. De los alimentos se avanzó luego a todos los elementos que definen el hábitat, primero en las ciudades y progresivamente hasta en el campo, habitualmente autosuficiente.

QUÉ CAMBIÓ

La posibilidad de producir para el mercado, en lugar de llevar allí los excedentes de producciones domésticas, se dio de manera iterativa con el crecimiento de las ciudades, con el debilitamiento del vínculo con la tierra de grandes fracciones de población. Más grandes las ciudades, mayores los mercados donde concurren consumidores que no fabrican ninguno de los bienes que allí se ofrecen o que, en el mejor de los casos, tienen una relación indirecta y lejana con ellos.

Estos nuevos escenarios modificaron de raíz el peso relativo de los factores de producción y llevaron al capital al centro de la escena, siendo el que tuvo la posibilidad de organizar y financiar toda la logística para expandir la producción al ritmo que lo hacía la demanda y poner luego esa producción al alcance de los consumidores.

La retribución del capital es el lucro. Si era el capital quien regulaba la expansión de los sistemas de producción y distribución, la búsqueda del lucro fue un objetivo a institucionalizar y un valor a jerarquizar socialmente.

En secuencia, primero el capital convierte a la tierra en una mercancía, cuya propiedad puede aumentar el lucro. Desde las leyes de «cerramiento» inglesas hasta nuestros días, han pasado casi cuatro siglos de sistemática búsqueda de rotura de los vínculos naturales de los campesinos con la tierra, para poner ésta a disposición del mercado.

En paralelo, las innovaciones tecnológicas en el campo y en la industria, fueron acumulando aumentos de productividad, que ampliaron la posibilidad de producir para el mercado y dieron lugar, a la aparición de nuevos capitalistas. Hasta nuestros días se extiende una evolución simultánea de innovadores de garaje que pasan a ser capitalistas, incluso grandes y muy grandes, con capitalistas que convierten en mercancía de su propiedad a sistemas públicos y privados de generación de conocimiento de todo el planeta.

Los densos sistemas de patentamiento han ido alejando la posibilidad de las innovaciones independientes de un capital controlante, consolidando así la pérdida de autonomía de este factor de producción.

Finalmente, queda el trabajo. Era el factor de producción de importancia excluyente antes que el capitalismo fuera el modo de producción hegemónico. La producción para el mercado y la fábrica como espacio productivo definido primero y facilitado después por la tecnología, agruparon miles de trabajadores detrás de objetivos comunes.

El capital fue quien lo posibilitó. Su búsqueda de lucro se realizó, sin embargo, de manera inexorable en conflicto con la calidad de vida de esos dependientes, convirtiendo al trabajo de manera obvia en mercancía, cuyo costo era –y es– inversamente proporcional al lucro del capital. Se ha argumentado durante siglos que las organizaciones productivas existen porque existen los capitalistas y eso define escenarios donde todos están mejor que si la empresa no existiera. Los teóricos profundos con la mirada inversa, a su

turno, señalan que es la extracción de la plusvalía generada por el trabajador, la que permite la acumulación del capital. O sabios populares, como el cantautor tucumano Athaualpa Yupanqui se han encargado de recordarle al patrón que «por el peón tiene estancia».

Mayor salario es menor ganancia de quien lo paga, a igualdad de producción. Una ley de hierro, que define un escenario de conflicto por antonomasia.

El capitalismo como sistema dominante, que ordena vidas y conciencias en el mundo, ha convertido, entonces, a la tierra, la tecnología y el trabajo en mercancías cuyo costo debe ser el menor posible compatible con la subsistencia y expansión del sistema, a fin de maximizar el lucro.

Esta concepción ha dado existencia a enfrentamientos de todo tipo, que las comunidades y sus gobiernos administran con miradas variables y con también variado grado de éxito al buscar los objetivos que esas miradas caracterizan.

Haremos a continuación un recorrido por tres caminos, que surgen de:

1. Sostener que es sensato admitir la hegemonía del capital y la necesidad de consolidar ese poder, dando la mayor libertad posible a los capitalistas, ya que su evolución positiva será acompañada por un bienestar general.

2. Admitir como central y traumático el conflicto entre el capital y el trabajo convertido en mercancía. Quienes analizan esto buscan proteger a los más débiles, que numéricamente son la gran mayoría de la sociedad y para ello buscan acceder al gobierno para regular la actividad de los más poderosos, en favor de los humildes.

3. Finalmente, en la segunda parte de este libro, nos sumaremos a la tesis de Karl Polanyi, quien sostuvo hace más de 60 años, que reconocer que el trabajo se ha convertido en una mercancía no tiene atenuantes ni paliativos, porque destruye –evapora, literalmente– cualquier tejido social. Eso hace inviable al capitalismo como forma de organización estable de la sociedad. Estamos obligados, de tal forma, a pensar y crear otra organización social para atender las necesidades de una comunidad.

—
EL CAPITALISMO CON GOBIERNO DE Y PARA LOS CAPITALISTAS

El capital, una vez triunfante, produjo su dogma de organización social. Lo consolidó a través de los sistemas de información y educativos y a partir de allí la historia avanza.

Las ideas centrales originarias eran bien primarias:

1. El nivel de ocupación y la remuneración del trabajo son resultado de la libre oferta y demanda en el mercado.
2. Las mercaderías deben circular libremente, sin obstáculos institucionales que distorsionen la competencia.
3. La moneda en circulación en un país deberá estar respaldada por su equivalente en oro o de monedas de otro país con ese respaldo.

El primer axioma coloca rotundamente al trabajo en el papel de una mercancía.

El segundo axioma establece la soberanía del consumidor, que deberá tener ante sí toda la oferta en concurrencia abierta.

El tercer axioma es el componente de autoregulación, que busca impedir la inflación –elemento desestabilizante por antonomasia– evitando la creación de moneda sin respaldo patrimonial.

Todas las otras características del capitalismo moderno deberían ser consideradas consecuencias directas o deducibles de las tres condiciones anteriores.

De ninguna manera eso es verificable en la actualidad, porque dos de las tres condiciones –libre circulación de mercaderías y patrón oro– han sido abandonadas hace décadas, creando ámbitos que impiden concretar también el cándido reclamo de «libre oferta y demanda de trabajo». No es necesario –ni posible– examinar la validez de los tres postulados, porque no se aplican en ningún lugar, más allá que se sigan proclamando como meta.

Se ha creado la Organización Mundial de Comercio para eliminar las barreras al tránsito de mercadería, pero esas barreras se siguen aplicando en el mundo de manera proporcional al peso económico y político de cada país. La periferia debe competir con todo el resto del mundo, lo cual implica que no tiene margen para la consolidación de sus industrias nacientes o más frágiles, mientras el mundo central regula las importaciones de la periferia de modo de atender todo reclamo interno que reniegue de la competencia externa.

El patrón oro fue suspendido varias veces en la primera mitad del siglo pasado, para ser abandonado de manera definitiva durante la presidencia de Richard Nixon en Estados Unidos. Desde entonces, quedó claramente en evidencia la transferencia de poder hacia las finanzas privadas, que con múltiples mecanismos –muchos de ellos decididamente insólitos– son las reales creadoras de moneda del mundo presente.

La concentración de poder que implica el abandono de los dos apotegmas liberales señalados lleva a entender el entierro del tercero, ya que la dimensión y características del llamado mercado de trabajo, quedan determinadas por las decisiones que toman los capitalistas demandantes, ante una oferta siempre excedente y dispuesta a reducir sus pretensiones ante cada confrontación.

En consecuencia, constituye lisa y llanamente una pérdida de tiempo incursionar en reflexiones sobre la sociedad que acompañaría a esas tres definiciones, cuando el caso es que ninguna de ellas tiene aplicación efectiva.

Para analizar el capitalismo ortodoxo se hace necesario, en cambio, aplicar un método inductivo, que caracterice las relaciones sociales vigentes y a partir de allí busque entender cuáles son las reglas de comportamientos dominantes, que tienen vigencia en lugar del obsoleto discurso enarbolado.

Lo concreto es que el capital es más hegemónico que nunca, solo que en su versión financiera, mucho más que aplicado a la producción. A la eliminación del patrón oro, le siguió la flexibilización o la directa eliminación de normas reguladoras de quienes hacen dinero con dinero, dando lugar a gigantescos y permanentes procesos de creación y destrucción de patrimonio. Intervenir en estos ámbitos es una alternativa concreta a invertir en tierra productiva o en industrias, a la cual se la ha fortalecido mediante mecanismos legales de protección; armado de redes de paraísos fiscales; toda una batería de acciones que cada día nos recuerda quienes ejercen el poder real.

El capital financiero, cuando gira sobre sí mismo, es muy perturbador de la paz social. Buscando el lucro, agiganta todo escenario de potencial conflicto entre intereses, de modo de hacer uso de su poder relativo.

Si existe la posibilidad –hecho muy frecuente– de contar con un escenario bimonetario de hecho, rápidamente se organiza la conocida bicicleta financiera, en que se seduce a capitales golondrinas a ingresar a la plaza local, ganar intereses importantes en la moneda local y volver a salir del país, con ganancias en divisas mucho mayores que las que ofrecen los ámbitos del mundo central.

Si queda en evidencia la escasez de divisas, hecho que es propio del mundo periférico, ante la fuga permanente de capitales, a la que se suma la debilidad generada por los giros de utilidades de filiales multinacionales a sus casas matrices, es el sistema financiero el que suele implementar escenarios donde la crisis se agudiza, provocando devaluaciones con las que se benefician, en la medida que son los promotores.

A las históricas especulaciones en los mercados de metales y luego de petróleo, se han sumado finalmente los mercados de casi cualquier bien transado masivamente, en especial los granos, que sufren variaciones que nada tienen que ver con hipotéticos faltantes o abundancias, sino al manejo de las compras y ventas a futuro con un sentido financiero puro.

Las reseñadas son solo algunas de las formas más habituales en que la sociedad en su conjunto transfiere riqueza al poder financiero, obviamente contra su voluntad.

En cuanto a la libre circulación de mercaderías, se trata de una ficción, administrada por las grandes potencias comerciales. Hay numerosos ejemplos que muestran que a pesar de la creación de la Organización Mundial de Comercio (OMC) los países periféricos no pueden colocar sus producciones −esencialmente alimentos− en los países centrales cada vez que ellas pueden afectar algún interés de los productores locales de esos mercados. En sentido contrario, como las estructuras productivas de la periferia son hegemonizadas por filiales de corporaciones multinacionales, éstas se encargan de administrar las importaciones de materias primas, componentes y/o bienes finales en cada cadena de valor, tanto en términos de precios −que se fijan para ayudar a eludir cualquier control de giro de divisas− como en la asignación de proveedores. La integración vertical en el mundo actual es relevante y creciente, especialmente en los sectores que utilizan muchos componentes, como la industria automotriz o la electrónica. En estos casos, las corporaciones eligen los proveedores dando prioridad absoluta a aquellos que están dentro del mismo grupo económico, sin considerar razones de costo o de interés técnico o económico por promocionar el desarrollo de alguna actividad en alguno de nuestros países.

En cuanto al tercer axioma histórico del liberalismo –el libre mercado de trabajo– es también una ficción, particularmente dolorosa, porque su funcionamiento efectivo no solo no es el teórico definido hace siglos, sino que daña la calidad de vida de grandes masas de población. El capital considera al costo del trabajo como la variable de ajuste en su ecuación económica, ya que los otros elementos de una función de producción están bajo su control. En consecuencia, forma parte de la conciencia pública de estos tiempos, que a igualdad del resto de las variables, el capital elegirá producir donde el costo del trabajo por unidad de producto –la productividad monetaria– sea mínima entre las alternativas disponibles.

Los gobiernos que adhieren a esta mirada, por lo tanto, creen que su responsabilidad para promover inversiones durante su gestión, es bajar el costo salarial, y el camino más simple es conseguir que los aumentos nominales de salario sean menores que la inflación. En esa situación se maneja el implícito que en el corto plazo –siempre se piensa en el corto plazo –la productividad física, por posibles mejoras tecnológicas, no aumentará y la única manera de bajar el costo es pagar menos en términos reales.

Simple, sencillo y perverso. El trabajo considerado como una mercancía, cuyo valor se reduce de manera brusca a través de manipulaciones monetarias.

Describamos el escenario concreto en que se desempeña hoy y aquí el llamado capitalismo ortodoxo, ya que las reglas teóricas –reitero: más allá de discutir si hubieran tenido resultado positivo o no– no se cumplen en absoluto.

Recordemos nuestro triángulo básico, que relaciona Estructura productiva con Gestión social y éstas dos con la Subjetividad ciudadana.

LA ESTRUCTURA PRODUCTIVA

Los estudios sobre concentración económica en esta instancia de la globalización son numerosos, con una referencia obligada en El Capital en el siglo XXI de Thomas Piketty. Las series históricas no dejan lugar para la duda. Complementariamente, los investigadores exhiben propuestas tímidas para corregir el rumbo, de previsible fracaso, con lo cual el pronóstico no es difícil.

En la periferia del mundo el problema se agiganta, por varias razones que se pueden enumerar:

1. Los mercados son más pequeños y progresivamente han sido controlados por filiales de corporaciones multinacionales, abarcando tanto segmentos productivos como comerciales, lo cual hace muy difícil competir con ellas a iniciativas locales.

2. La disponibilidad de divisas es un hecho crítico en cualquier circunstancia, agravada por los giros de utilidades al exterior y porque amplias capas de la población toman a las divisas como refugio de valor. Ese hecho hace –además de la tendencia ideológica– que se busque con intensidad el ingreso de capitales externos, lo cual aumentará el problema de divisas en el mediano y largo plazo.

3. Como la filosofía oficial implica limitar la intervención
del Estado a cuestiones administrativas bien básicas,
evitando «elegir a los ganadores»; como los desarrollos
tecnológicos nacionales no son incentivados y toman
la iniciativa las grandes corporaciones; como además
se postula como axioma la necesidad de la
especialización productiva en aquellos sectores
en que se puede competir internacionalmente
sin apoyo estatal; el resultado es que cada país periférico
concentra su actividad en la extracción de los recursos
naturales con abundancia relativa o, en el caso de
Argentina, en el aprovechamiento de un caso muy
distintivo de tierra agrícola de alta calidad,
como es la pampa húmeda.

A esto se llama habitualmente elegir la primarización de la
economía. En realidad, no se trata de una opción, sino de la consecuencia natural del pensamiento económico ortodoxo.

Una estructura como la descrita –tal vez de manera algo some-
ra, pero suficiente– es inestable en dos frentes superpuestos: el
financiero y el social.

Las finanzas del país transitan por un sendero de creciente
endeblez porque la necesidad de divisas se cubre con deuda externa, que genera pagos crecientes de intereses, ocupando éstos
fracciones del presupuesto público que no dejan de aumentar, en
desmedro de otras obligaciones o aumentando la velocidad de endeudamiento. Para peor, algunos torpes adherentes a las teorías
ortodoxas pretenden ignorar que el patrón oro se abandonó hace
décadas y se niegan cerrilmente a financiar los déficits con emisión monetaria, con lo cual aceleran el espiral de endeudamiento.

Por ese lado, en consecuencia, se suceden las crisis recurrentes.

El conflicto social, originado tanto por el achicamiento de las prestaciones del Estado como por la obtusa tesis que busca mejorar la competitividad con la baja del salario real, es permanente y creciente. Interactúa con la tensión financiera y para un observador externo, el análisis se limita a entender como un conflicto alimenta al otro y cuál de los frentes anticipa la crisis.

LA GESTIÓN PÚBLICA

Los países donde se llevan adelante proyectos que creen en la economía ortodoxa, obviamente son gobernados por funcionarios convencidos de ésta o en el mejor de los casos subordinados por la resignación. Además, como los procesos son de concentración creciente, es de esperar que fracciones importantes del funcionariado sean representantes o servidores de aquellos que se benefician con la concentración, pues de lo contrario no se sumarían a esa tendencia hegemónica.

La gestión de un proyecto que espera que la economía evolucione con baja o nula participación del Estado es formalmente simple. Se trata de no interferir en las decisiones de las corporaciones líderes y –si se sucede a un gobierno de signo distinto– desarmar todo esquema de regulación heredado. Dentro de esa lógica, una cantidad de variables macroeconómicas pasan a quedar fuera del control público. La inflación, la paridad cambiaria, la demanda de divisas para atesoramiento o para fuga directa, son una consecuencia de las decisiones de los operadores económicos y de las expectativas de los ciudadanos, más que de una política pública. Se consumen miles de horas de comunicación masiva para discurrir sobre estos temas y en buena medida, para adivinar qué sucederá. Se cede así el control de las tendencias a los grandes operadores, para los cuales cualquier episodio climático, económico o político local o de países con los que se tiene vínculos comerciales relevantes, es suficiente para construir escenarios de inestabilidad y especulación.

Llamativamente, en el único plano que estos gobiernos buscan ejercer una acción regulatoria es en el de los salarios, por todo lo antedicho.

LA SUBJETIVIDAD SOCIAL

Si dejamos fuera del análisis, por considerarlos inestables y transitorios, a los gobiernos que en estos tiempos históricos no han surgido de formas de voto universal, es necesario concentrarse inicialmente en la subjetividad ciudadana que permite que mayorías sufraguen eligiendo gobiernos que representan intereses de minorías, en este caso de los capitalistas.

¿Cómo consigue adhesión masiva una propuesta que busca beneficios para una parte de los empresarios y para los bancos?

Por dos caminos básicos:

- Los postulantes no dicen lo que harán. Es más: en muchos aspectos dicen lo contrario de aquello que luego harán. O sea: lisa y llanamente mienten.

- Se apela a enormes mecanismos de manipulación masiva, que se aplican a dos frentes: la insatisfacción de fracciones de la población con la gestión del gobierno saliente y el supuesto que los postulantes no incurrirán en las mismas políticas o actitudes que han producido rechazo en fracciones de la ciudadanía.

La inconveniencia –para los candidatos– de hacer públicas sus políticas antes de las compulsas electorales, es lo que lleva a aplicar la manipulación para tratar de convencer a la población que se cambiará para bien todo aquello que hoy es considerado negativo.

La intensidad de ese intento es lo que permite asignar inercialmente a la herencia recibida los previsibles fracasos sociales de la aplicación de los planes reales, aquellos que se ocultaron para ganar una elección.

Superada la primera etapa de instalación de un programa ortodoxo, la evolución de la subjetividad social resulta de la confrontación entre la realidad concreta de la vida cotidiana de cada uno y aquella que el relato manipulador nos presenta y sobre todo nos promete.

Es inexorable que a medida que pasa el tiempo la realidad definida por una estructura concentrada o concentradora, acompañada por una gestión pública que promueve ese camino, le marque dificultades en la vida presente y futura a fracciones crecientes de la población.

Sin embargo, no es lineal ni inmediato conocer cuál será la reacción masiva producto de esa constatación. Intentaré una breve clasificación de las posibles respuestas:

1. Aquellos que han referenciado su vida en organizaciones
   políticas o gremiales, son quienes encuentran con mayor
   facilidad caminos para exteriorizar su reclamo.
   Son quienes de algún modo encabezan la resistencia,
   con variada nitidez, directamente proporcional a la
   lucidez con que ayuden a compatriotas a despojarse
   de fantasmas o relatos ficticios.

2. Los que creen que el marco es un dato, definido por ámbitos de poder con los que no se puede confrontar y en consecuencia buscan adaptarse a las reglas del juego, instalándose así en espacios que permitan un horizonte de crecimiento personal. La subjetividad de estos ciudadanos va desde la resignación a la justificación, con el incentivo complementario especial que representa el miedo a caer en la condición de excluidos del sistema.

3. Los que pierden la noción más básica de sus derechos, ante la enorme distancia con el poder. Esos compatriotas no reclaman, piden asistencia para la supervivencia, en un medio de cultivo que los expone a todas las enfermedades sociales imaginables. Es la fracción de población que con su existencia no solo sirve de alerta para los temores de derrumbe de sectores medios. Es la evidencia desgarradora del fracaso de un sistema económico, que no se elimina por el cínico expediente de asignar a esas víctimas la responsabilidad personal de su condición.

Estos tres subconjuntos, sumados a un obvio cuarto componente, numéricamente menor pero integrado con aquellos que se benefician con el daño soportado por el resto y que fogonean el sustento intelectual de este camino, configuran el universo de la subjetividad social en un escenario de economía ortodoxa.

Durante mucho tiempo se sostuvo que la periferia del mundo, donde la inestabilidad social provocada por el capitalismo global es notoria, penaba por la incapacidad de sus comunidades y sus gobernantes para construir caminos virtuosos de integración al mundo.

Hoy, después de las crisis reiteradas y endémicas en el propio mundo central sabemos que podemos descartar esa afirmación como parte de la manipulación a que nuestros pueblos han sido sometidos. La incapacidad del sistema para asegurar el bienestar colectivo está instalada, con diversas formas, en todo el planeta. La muy compleja sociedad del país más poderoso de la Tierra −Estados Unidos− es el mejor ejemplo de ello, con su desintegración comunitaria y la evaporación del sueño americano.

Lo único que se reafirma a cada paso es la capacidad del capitalismo global para diseminar por el mundo la crisis, trasmutada en guerras localizadas, que destruyen y un minuto después dan lugar a planes de reconstrucción. Ni aún así pueden liberar a los pueblos de los países centrales de la desesperanza, los brotes de fascismo, la sinrazón con mil disfraces, mientras millones de migrantes marchan hacia allí desde sus realidades aún más degradantes.

—

SÚPER ALIMENTOS PARA LOS PAÍSES RICOS QUE EMPOBRECEN LAS DIETAS DE LOS PAÍSES POBRES

Las semillas que constituyen la base de alimentación histórica de algunos pueblos –como el teff de Etiopía y la quinoa andina– se han puesto de moda en los países centrales por su valor nutritivo y su aptitud para el consumo en dietas rigurosas. El aumento de la demanda, que según la teoría capitalista debería ser una muy buena noticia para los países productores, genera los problemas clásicos de una economía pensada para el lucro y en la que los pequeños productores no tienen los mismos derechos económicos que las elites.

Los negocios naturistas de Londres, Nueva York, París y otras ciudades del mundo desarrollado ofrecen productos elaborados con semillas de teff, un alimento que los etíopes consumen desde hace 5 mil años y es la base de la dieta de esa población, una de las más pobres del mundo.

El consumo de este alimento libre de gluten y sumamente nutritivo crece un 10 por ciento promedio cada año en el Primer Mundo, apoyado en campañas de marketing que incluyen a celebridades como Gwyneth Platrow y Victoria Beckham. El margen del negocio es altamente redituable. Una tonelada de teff se compra en Etiopía a 789 dólares, pero en los Estados Unidos el precio puede crecer hasta los 9.755 dólares, según datos de Gro Intelligence, una consultora neoyorquina que recopila datos agrícolas de todo el mundo.

Ese beneficio queda mayoritariamente en manos de los importadores y la cadena de intermediarios de los países que compran el teff, pero en Etiopía genera problemas. Entre 2006 y 2014, el gobierno etíope tuvo que frenar la exportación de las semillas de teff porque el precio en el mercado local había subido a causa de la demanda internacional y estaba generando problemas alimentarios en la población, alimentada en base a esa semilla ancestral. Un dato nada menor en un país en el que se calcula que el 20 por ciento de los chicos está desnutrido.

En Etiopía, unos 6,5 millones de pequeños productores se dedican a cultivar el teff. La mayoría vende el producto en las ciudades a acopiadores que manejan la parte más rentable del negocio. Como no tienen acceso a la tecnología, la falta de mecanización les impide mejorar la productividad y aprovechar mejor el boom mundial de sus semillas.

El gobierno etíope trata de atender esta situación. En declaraciones al periódico inglés *The Guardian*, Khalid Bomba, el jefe de la Agencia Agraria de Transformación de Etiopía (ATA), anunció un plan para mecanizar las cosechas y asistir a las cooperativas de pequeños productores que se están organizando para que la producción crezca sin complicar la dieta de la población.

Uno de los ejemplos que los etíopes miran con más atención es el del boom de la quinoa, un alimento andino que es la base de la alimentación en Bolivia y Perú, cuyo precio aumento diez veces en el mercado interno entre 2009 y 2013, y generó conflictos entre los campesinos por la tenencia de la tierra.

La quinoa, un alimento que contiene los 8 aminoácidos esenciales, se convirtió en otro fenómeno exportador como el teff etíope hace poco más de una década y el negocio que se organizó alrededor de su cultivo triplicó su precio en el mercado local. Para 2013, el 90 por ciento de la quinoa boliviana se exportaba y esa demanda externa estaba provocando una falta de un insumo esencial en las poblaciones más vulnerables de Bolivia.

Aún si las mejoras en la cadena de producción que promete el gobierno de Etiopía se cumplen, este país del África Oriental tendrá que afrontar otro inconveniente derivado de la competencia capitalista. Varios países del sur de África y algunos europeos, especialmente España, han comenzado a cultivar teff, entusiasmados por la demanda mundial. El resultado es que Etiopía empieza a perder parte de su mercado natural histórico.

Sin democracia económica, librados al juego del libre mercado, los pequeños productores etíopes, bolivianos o peruanos se enfrentan a la contradicción de tener entre manos un producto estrella en el mundo por el que su situación apenas mejora, mientras que la alimentación de gran parte del resto de la población empeora.

PARA CONOCER MÁS SOBRE ESTE TEMA
· www.theguardian.com/sustainable-business/2016/oct/14/teff-quinoa-ethiopia-boosts-exports-food-africa
· www.vsf.org.es/amenazas/el-lado-amargo-de-la-quinoa

EL CAPITALISMO CON ROSTRO HUMANO Y EL ESTADO DE BIENESTAR

CAPÍTULO 3

El capitalismo ha sido cuestionado como sistema de organización social y económica desde sus inicios, con variada fortaleza. En solo algunos pocos casos se llegó a configurar formas de gobierno no capitalistas. De estas confrontaciones nos ocuparemos más adelante.

Sin descreer del capitalismo, por su parte, la tendencia a generar desigualdades e injusticias fue advertida desde los mismos comienzos del sistema no solo por los perjudicados, sino por algunos empresarios, economistas o gobernantes que no estuvieron satisfechos con esos resultados y quisieron corregir el rumbo, aunque manteniendo los principios básicos de relación entre el capital y el trabajo.

Tal vez la faceta a la cual se ha dedicado más atención es a las propuestas para salir de las recesiones reiteradas, que bien analizó John M. Keynes, lo cual generó una corriente instrumental en la ciencia económica, que se acerca a los 100 años de vida. El desarrollo de la tesis es importante de destacar: Se comienza por admitir una debilidad estructural del capitalismo, por la cual las expectativas de los inversores se hacen negativas en ciertos momentos y ese hecho genera efectos en cascada, provocando así ciclos de expansión y recesión regulares.

La propuesta keynesiana consiste en reemplazar a los inversores momentáneamente retraídos con la inversión y el gasto públicos, de manera de atemperar las oscilaciones que de otro modo serían naturales y reiteradas.

El objetivo es claro. No se cuestiona el capitalismo en términos cualitativos. Ni siquiera se pone en juicio la equidad distributiva o el destino de los que menos tienen. Se procura evitar que se generen daños macroeconómicos y a lo largo de casi un siglo, aparece de manera reiterada la discusión de la pertinencia del concepto, aplicado en todo el globo.

En todo ese tiempo se han producido otras iniciativas, que apuntan de manera más directa que la propuesta de Keynes a atenuar o eliminar lo que se considera injusticias sociales.

Estos intentos configuran la base de un concepto bien importante para entender la evolución del capitalismo: Todo conjunto de acciones que busquen dar expectativas de vida digna a la mayoría de la población, pero sin modificar la estructura productiva de un país, deberían ser encuadrados dentro de lo que llamamos el Estado de Bienestar.

Quienes administran un estado así, creen en la inercia capitalista, generadora de ganadores y perdedores, con grados crecientes de concentración del poder económico y de los frutos de la actividad productiva, pero a la vez están convencidos de la posibilidad de diseñar modelos de intervención social que atenúen o controlen deficiencias del sistema y permiten así una mejor vida para todos.

Se examinarán sólo algunas situaciones, que se consideran relevantes porque no son postulaciones de analistas o académicos, sino de protagonistas, como empresarios o funcionarios. Me importa esto, no como una señal negativa hacia la academia, sino por evaluar la mirada convertida en acción, sea de gobierno o de empresa. En especial, me importa entender cómo fue evolucionando la subjetividad de esos protagonistas, por lo que he elegido tres momentos de una misma sociedad, la de Estados Unidos.

El primer analizado es el pensamiento de Henry Ford, vértice y dueño del emporio con su nombre, a fines de los años 20 del siglo pasado. El segundo escenario es el del New Deal (Nuevo Acuerdo), implementado por Franklin D. Roosevelt a mediados de la siguiente década, luego del desplome bursátil en Nueva York en 1929. El tercero, finalmente, es el de llamada Guerra contra la Pobreza, comenzada por Lyndon Johnson en 1964.

Veremos sus postulados y los examinaremos, tanto en términos absolutos, como apreciando su evolución en ese período de alrededor de 40 años.

HENRY FORD, SUS APORTES Y CONTRADICCIONES

El creador del emporio automovilístico, con la colaboración de Samuel Crowther, escribió varios libros que explicitan su pensamiento, por lo que no hace falta recurrir a demasiadas interpretaciones.

En su obra central –*Hoy y Mañana*, publicada en 1926– queda claro que odia a:

- Los sindicatos, a los que combatió activamente.
- Los que llama «profesionales de las finanzas».
- Por extensión perversa, a los judíos, a quienes asocia a las finanzas con afán de lucro.

A su vez, critica con dureza o no valora a:

- Los burócratas estatales y por añadidura a la regulación estatal de la industria.
- Los productores agropecuarios, que considera que nunca conseguirán vivir plenamente de su actividad, si no la complementan con otra ocupación.

- Las pequeñas unidades productivas, que no cree tengan destino, si no es subordinado a las grandes corporaciones.

¿Por qué ocuparse entonces de un personaje que debía ser como mínimo desagradable y que estaba tan lleno de prejuicios sobre el funcionamiento de la sociedad y el mundo en general?

Por un par de razones.

La primera es que al momento de pensar y escribir estas cosas era dueño –no el accionista mayoritario, el dueño– del mayor complejo industrial del mundo, que podía fabricar 2 Millones de automóviles por año y que estaba altamente integrado verticalmente, fabricando su propio acero o sus propios neumáticos, por caso. Su mirada importa.

La segunda, mucho más relevante que la anterior, es que sus principios básicos de trabajo eran:

- La industria es el motor del desarrollo y debe aumentar su productividad física de manera permanente, permitiendo así reducir sus costos y reducir los precios de sus productos año a año.

- Eso es posible sólo si su escala de producción es la mayor posible. Las empresas menores no pueden ser igualmente eficientes.

- Los obreros deben recibir salarios que les permitan comprar lo que producen, en su caso automóviles. Además de eso, cuando una empresa tiene problemas de eficiencia, es precondición que mejoren sus salarios, para poder ejecutar planes al respecto.

- Acorde con estas máximas –muy controvertidas con respecto al resto de los grandes empresarios– entre 1914 y 1926 el precio del Ford T disminuyó 40%, a la vez que el salario base de los obreros de Ford aumentó 150%.

- Reiterando: la manera de aumentar la ganancia de una empresa no es aumentando los precios, sino por el contrario, aumentar la productividad y reducir los precios, para que más gente pueda acceder a los bienes.

Un pensamiento como el sintetizado no es encasillable en una corriente filosófica o sociológica de pensamiento académico. Podríamos decir que H. Ford creía en un progreso social dirigido y monitoreado por grandes industriales y era tan tajante su idea, que admitía que los sindicatos, los productores agropecuarios, los financistas y buena parte de los gobiernos no pensaban la sociedad de tal modo, pero creía que de cualquier manera su tesis era dominante.

Su libro termina de esta reveladora manera:

«Vivimos en una época en que es posible usar la energía y la maquinaria al servicio de la comunidad y con beneficios privados.»

«¿Y del futuro qué? ¿No tendremos superproducción? ¿No llegará un día en que las máquinas sean muy poderosas y no se necesiten los trabajadores?»

«Nadie puede decir nada sobre el futuro. No necesitamos mortificarnos por eso. El futuro siempre se ha cuidado por sí mismo a pesar de nuestros esfuerzos por controlarlo. Si hoy hacemos la mejor tarea que podamos, estaremos haciendo todo lo posible».

«Tal vez podamos súper producir, pero eso es imposible hasta que el mundo entero satisfaga todos sus deseos. Y si tal cosa sucediera, seguramente deberíamos estar contentos.»

Tres años después de esta expresión de fe en el crecimiento continuo, se produjo el famoso crujido de la bolsa de Nueva York, que luego se extendió al resto del mundo, en una crisis que no era original, pero que tuvo mucha mayor dimensión que las otras 18 crisis ocurridas durante el siglo XIX. Esta contradicción entre la esperanza de H. Ford y la crisis, no alcanzó para demostrar que su tesis, que vincula la producción con la capacidad de consumir de manera tan directa e inmediata, fuera enteramente equivocada. Demostró −eso sí− que el escenario económico y social era inevitablemente mucho más complejo que lo que surgía de ese planteo esquemático y que no bastaba que un empresario −por poderoso que fuera− aplique el concepto para asegurar su éxito de modo permanente.

Veremos aparecer nuevamente la idea de Ford más adelante, convertida en doctrina pública que mantuvo vigencia durante varias décadas.

LA ESTRUCTURA Y LOS OBJETIVOS DEL NEW DEAL

Recordemos brevemente el marco. La debacle bursátil de 1929 en Estados Unidos se produjo durante la presidencia de Herbert Hoover, republicano que no atinó a diseñar y mucho menos aplicar medidas correctivas. En 1932, cuando asumió F. D. Roosevelt −demócrata− el PBI había acumulado más del 25% de caída, la producción industrial había retrocedido 40% y se habían generado 11 Millones de nuevos desocupados, solo en aquel país, con repercusiones en cadena en todo el mundo.

Los sectores conservadores pedían lo imaginable, que hasta entonces era lo tradicional, esto es: Salvar a los bancos y otorgar facilidades y exenciones a las corporaciones, para que retomaran la cuesta.

El New Deal, en sus dos etapas –1933/35 y 1936/38– construyó un escenario mucho más denso que eso, con una serie de medidas que no tenían antecedentes en el país.

Antes de una breve enumeración de las principales acciones, es importante entender el diagnóstico y la correlativa alianza social que hay detrás de él.

1. El primer elemento, central en el programa, es que se entiende necesario un papel activo importante del Estado, para ordenar y promover la economía, involucrándose en varios aspectos de la producción de bienes y servicios.

2. El segundo concepto, bien básico, es que se considera que las causas esenciales de los problemas son desajustes al interior de un sistema que con correcciones debería funcionar: por un lado, los excesos o defectos de oferta en los mercados y por el otro, la debilidad relativa de alguno de los componentes de una transacción, sean trabajadores o sean consumidores.

Alrededor de la primera idea, las principales iniciativas fueron:

- Suspensión del patrón oro, para permitir que el gobierno financiara con emisión actividades de todo tipo.

- Definición de miles de pequeñas obras públicas, en forestación, prevención de inundaciones o corrección de erosión o similares. El programa tuvo un capítulo especial para trabajadores de la cultura, en todas sus ramas.

Tuvo otro capítulo aplicado al trabajo joven,
con 2600 campamentos de trabajo en todo el país.
En 1936 se llegó a un máximo de 4 millones
de trabajadores en estos programas.

- Plan de viviendas populares para alquilar y programa
de hipotecas a largo plazo con seguro federal.

- Se puso en marcha un plan de apoyo a los Estados,
que sirvió para atender necesidades diversas –en parte
a través de trabajos locales– de 8 Millones de familias.

Las medidas que apuntaban a los desajustes económicos y de
poder, a su turno, fueron muchas e innovadoras.
Un breve detalle:

- Una compensación masiva a los agricultores para
que una fracción de su tierra permaneciera ociosa,
evitando sobreproducciones. Esa legislación permanece
vigente hasta la actualidad, con algunas modificaciones
importantes, al aparecer la posibilidad de usar maíz
para producir alcohol combustible.

- Un sistema de seguro federal de depósitos para pequeños
ahorristas y la separación de actividades entre los bancos
comerciales –que prestan para producción corriente
y consumo– y los bancos de inversión.

- Un sistema de estímulo a las cooperativas productivas.

- Reducción de jornada laboral a 44 hs/semana primero y 40 hs/semana en 1938.

- Establecimiento de un salario mínimo; prohibición del trabajo infantil en la industria; derecho amplio a la sindicalización; prohibición de despedir a consecuencia de una huelga.

- Seguro de desempleo como institución laboral relevante.

- Sistema generalizado de jubilaciones.

RESULTADOS

Hasta nuestros días se extiende la controversia sobre el análisis de los efectos del New Deal. Lo que dificulta las conclusiones es que aparentemente el propio F.D. Roosevelt tenía dudas sobre la posibilidad de mantener firme el rumbo elegido en 1933. Eso lo llevó en 1936, poco antes de su reelección, a plantear un presupuesto público donde se reducía sustancialmente el déficit fiscal, verdadero motor de la recuperación previa. Eso produjo una recesión que duró un par de ejercicios y que incluso tuvo el efecto político de recuperar espacio para los republicanos, que aumentaron su presencia en el Congreso y con ello, objetaron de allí en más las acciones de expansión de la inversión pública.

En 1938, en verdad, había 8 millones de desocupados, una apreciable pero modesta reducción respecto de los 11 millones de 1933.

Toda la discusión quedó sepultada por la movilización nacional producto de la incorporación activa de Estados Unidos a la segunda guerra mundial, la cual llevó la desocupación a casi cero en 1942.

Para nuestro trabajo, la importancia de medir éxitos o frustraciones a tanta distancia histórica, es interesante pero menor. Lo destacado es la mirada de los gobernantes.

Repudiado por la dirigencia empresaria –incluido H. Ford, adversario ruidoso del gobierno– y por el pensamiento conservador de libre mercado, el New Deal fue tal vez el intento más importante en nuestro continente por mantener las estructuras que el capitalismo había generado y regular su funcionamiento buscando proteger a los pequeños agricultores; a los trabajadores; a los ahorristas con depósitos bancarios; a los pequeños contratistas de obras públicas.

Expresamente, se optó por conducir una economía en tensión. Las corporaciones buscando aprovechar cada resquicio para aumentar su ganancia y el Estado cuidando de los más débiles y –además– de la estabilidad del sistema, intentando bloquear las crisis que se generan por falta de demanda efectiva y por la consiguiente falta de inversión.

LA GUERRA CONTRA LA POBREZA

Después del asesinato de John F. Kennedy, en 1963, asumió la presidencia de Estados Unidos Lyndon B. Johnson, quien hasta entonces, como indica la tradición de los vicepresidentes en todas partes del mundo, había sido elegido para ese lugar en buena medida imaginando como virtud que no podía entrar en conflicto con el vértice del gobierno.

L.B. Johnson será recordado en la historia como quien multiplicó la apuesta en Vietnam, aumentando sustancialmente las tropas norteamericanas allí y transitando la etapa previa a la derrota militar más ruidosa de una potencia, que se tenga memoria.

También es necesario considerar su Guerra contra la Pobreza (War on Poverty).

En algo menos de 40 años desde la fe sin límites en el crecimiento mostrada por Henry Ford y apenas 25 años después de dejar atrás el New Deal y su intento de ajustar los engranajes de la maquinaria capitalista, el sistema seguía generando pobres en serie, llegando a una pobreza del 19% en 1964. Este flanco pasó a instalarse en la vidriera del sistema y se concentró mucha atención en contener e incluir en un consumo mínimo, sea por transferencia de ingresos o por acceso al trabajo, a esta fracción de perdedores de la competencia del sueño americano.

Las medidas tomadas fueron muy numerosas. Constituyen un conjunto de más de 10 programas independientes que, siguiendo la metodología de Gary Burtless (*), se agrupan en tres categorías:

A. Las transferencias de ingresos o en especie. Se incluye aquí el equivalente a nuestra asignación por hijo; la asistencia a ciegos y discapacitados; a los ancianos sin recursos;

la distribución de alimentos, incluyendo las estampillas para alimentos; las viviendas sin costo de alquiler o con montos muy reducidos; la asistencia médica gratuita.

B. La seguridad social; la asistencia médica a mayores y el seguro de desempleo, configuran un segundo grupo que en realidad no apunta a reducir la pobreza estructural sino a cubrir situaciones de disminución de ingresos familiares por fallecimiento o dishabilidad de quien generaba el ingreso. Los desocupados prolongados o los ocupados con muy bajo salario no están comprendidos en un sistema de protección como el que fue diseñado.

C. La mejora de oportunidades hacia el futuro. Desde un programa importante para los más pequeños, como el Head Start, pasando por el fortalecimiento de las escuelas en regiones pobres y un denso sistema de entrenamiento para adquirir habilidades laborales, se construyó un tercer frente de asignación de recursos para modificar la situación relativa de fracciones de la población.

El programa de Lyndon Johnson fue continuado con pocas modificaciones durante las presidencias de Richard Nixon y de James Carter. Solo fue cuestionado de raíz a partir de la asunción de Ronald Reagan en 1981.

Por lo tanto se cuenta con unos 17 años de implementación continuada de un importante arsenal para reducir la pobreza y a la vez evitar riesgos a quienes podían caer en ella, período que permite sacar algunas conclusiones.

Los recursos asignados por el gobierno, medidos en relación al producto bruto, fueron:

	AÑO	1964	1984
% PBI	TRANSFERENCIAS DIRECTAS	1.2	2.9
	SEGURIDAD SOCIAL	3.3	7.1
	FORMACIÓN Y EDUCACIÓN	0.8	0.8
	TOTAL	**5.3**	**10.8**

Se duplicó la participación en el producto bruto.

A su vez, el Estado en todas sus dependencias aumentó sus ingresos con relación al producto bruto.

AÑO	%
1964	27.1
1984	33.1

Con lo cual los tres componentes sumados representaban en 1964 el 18.5% de los egresos públicos y 20 años después, en 1984, eran el 32.6% de esos egresos.

Más allá de la continuidad inercial de los fondos aplicados en forma global, desde 1981 se cambió sustancialmente la lógica de utilización, deteniendo o eliminando los programas de transferencia focalizada hacia los pobres. Los números hablan por sí solos.

AÑO	% POBREZA
1964	19
1978	9.3
1983	13.1

Se podría decir que el mayor éxito de la Guerra contra la Pobreza fue reducir el daño a la mitad y se constató que un cambio de rumbo la volvió a elevar con rapidez.

Igualmente importante –especialmente para nuestro trabajo– es conocer los números de la pobreza que hubiera existido, en caso de no aplicarse programas de reducción de ella. Los datos son:

AÑO	1964	1978	1983
% POBREZA PREVIA A LAS TRANSF. Y SUBSIDIOS	21.0	20.2	22.4

La evolución del sistema económico per se, sin contar las acciones dirigidas a reducir la pobreza por ingresos, solo produjo una leve mejora cuando la economía creció (1978), que se perdió en exceso cuando la economía entró en recesión (1984).

Es importante reseñar las conclusiones de analistas serios y rigurosos que pudieron relevar este tema a fines de los ´80 del siglo pasado.

1. (Esto es mío) No señalaron como grave la casi nula tendencia de la economía a reducir la pobreza por sí sola.

2. Sostuvieron la necesaria intervención del Estado redistribuyendo ingresos, para conseguir atenuar la pobreza.

3. Consideraron modestos y frustrantes los resultados del mayor programa de la historia norteamerican a para reducir la pobreza a través de la inclusión por ingresos.

4. Establecieron una fuerte asociación –más allá de la tendencia ideológica del gobierno– entre el ánimo de la opinión pública sobre estos proyectos y la situación del ciclo económico. Cuando la economía está en expansión, hay aceptación generalizada a las transferencias. Cuando el crecimiento se detiene o retrocede, las transferencias pasan a ser consideradas de manera generalizada como una de las principales causas del problema y se reclama que se eliminen.

Desde entonces hasta la actualidad la tendencia ha sido cada vez más clara, en cuanto a poner los equilibrios macroeconómicos y los manejos monetarios por encima de las necesidades básicas insatisfechas de una fracción de la población. La hegemonía de las finanzas, aliadas incluso a los gigantes productivos de aquel país, han creado un escenario que es casi la antípoda del que pensaba Henry Ford –con la producción en escala gigante al comando– o más tarde Franklin Roosevelt, con un Estado que buscaba recrear la competencia y cierta igualdad de oportunidades. Ya hace 50 años, se reitera, esa meta se había abandonado y se buscó compensar en sus bolsillos a los derrotados, hasta que hace unos 30 años, con las imaginables oscilaciones de una sociedad compleja, hasta el estado de bienestar entró en retroceso.

Con un matiz no menor que importa a los argentinos: el concepto se desvalorizó en los discursos, pero siguiendo el ejemplo de Ronald Reagan, todos los gobiernos norteamericanos, en un proceso de conflicto social creciente, destinaron sumas muy relevantes a tapar agujeros que podrían incrementar las controversias. El Estado de bienestar retrocedió al asistencialismo y éste a su vez se convirtió en un gigantesco ejército de bomberos, en una sociedad que ya no confía en un horizonte de felicidad compartida.

EXPERIENCIAS

—
DESCARRILAMIENTO EN LA TERCERA VÍA

Cuando asumió como Primer Ministro del Reino Unido, en 1997, Tony Blair se propuso renovar la esperanza en un capitalismo con rostro humano a partir de una nueva versión del Estado de Bienestar conocida como la Tercera Vía. Una teoría, cuyo autor más renombrado es el sociólogo inglés Anthony Giddens, según la cual se podían tomar aspectos positivos del capitalismo y del socialismo y hacerlos confluir en una política para el bienestar general.

La experiencia de Tony Blair no pasó de algunas reformas progresistas en el sistema de salud, un plan de viviendas para familias pobres y varios planes orientados a una «nueva economía de mercado con conciencia social». Al mismo tiempo, el canciller alemán Gerhard

Schröeder (1998-2005) también impulsó en
su país un esquema de Tercera Vía, que tituló
Agenda 2010 y contemplaba cambios en las
políticas de salud, empleo, inmigración y
pensiones.

La ilusión de la Tercera Vía quedó olvidada
más rápido que otras experiencias anteriores
de Estado de Bienestar y la crisis financiera
de 2008 y 2009 la sepultó definitivamente.
Hoy Giddens prefiere que no le mencionen
el ensayo que inspiró el último intento por
reflotar el Estado de Bienestar. «El término
se ha asociado al final con un débil sustituto
del pensamiento de centroizquierda, en vez
de una manera de revitalizarlo, que es lo que
originalmente pretendía», explica. No obstante,
en sus últimos trabajos insiste con una variante
de la misma idea que consiste en sustituir
el Estado de Bienestar por un «Estado
de Inversión Social».

Con crudeza, el economista alemán Wolfgang
Streeck, asesor de Schröeder en su intento

de la Tercera Vía alemana, confiesa en una nota del periódico inglés *The Guardian*[1]: «Pasé mucho tiempo explorando las posibilidades de una solución socialdemócrata inteligente del conflicto de clases. La idea de que podríamos modificar el capitalismo hacia la igualdad y la justicia social, que podríamos domar a la bestia. Ahora creo que son ideales más o menos utópicos».

---

1. www.theguardian.com/books/2016/dec/09/wolfgang-streeck-the-german-economist-calling-time-on-capitalism?CMP=share_btn_tw

PARA CONOCER MÁS SOBRE ESTE TEMA
· www.vsf.org.es/amenazas/el-lado-amargo-de-la-quinoa

EL ESTADO DE BIENESTAR EN ARGENTINA

CAPÍTULO 4

BREVE RESEÑA HISTÓRICA

La intervención del Estado en la economía para corregir los daños reales o potenciales que causa la evolución inercial del capitalismo es de antigua data en la periferia del mundo.

Sin embargo, antes de eso, en la Argentina hubo una primera y muy prolongada etapa de nuestra historia en que se construyeron los vínculos con la economía mundial de manera subordinada a grandes potencias –primero Inglaterra y luego ésta en puja o combinación con Estados Unidos– tal que ellas definieron la estrategia y los cursos de acción y hasta suministraron los funcionarios, extraídos de sus cuerpos de asesores.

La geografía misma del país fue intervenida para suministrar materias primas a Inglaterra y transportar a cada punto del interior las manufacturas importadas, como lo explicó con claridad absoluta Raúl Scalabrini Ortiz en sus trabajos sobre la red ferroviaria.

La crisis financiera mundial que explotó a partir de la quiebra de la Bolsa de Nueva York en 1929 y se diseminó por el mundo, fue el primer escenario en que las colonias fueron dejadas a la deriva, al menos por un tiempo, lo cual llevó a tomar iniciativas desde la periferia.

Esas iniciativas fueron en un todo coherentes con la condición de amanuenses que el imperio había reservado por un siglo a los dirigentes políticos.

Se crearon las Juntas Nacionales de Granos y de Carnes para regular y esencialmente para sostener los precios de los productos que daban sustento a la clase dirigente, en un contexto mundial en que Estados Unidos tenía que aplicarse a subsidiar el mantenimiento ocioso de tierra cultivable, ante el exceso de oferta.

Simultáneamente, se creó el Banco Central, que fue diseñado por expertos ingleses y contó con gerentes seleccionados por ellos, con expresa vocación de independencia del gobierno nacional, para tener bajo control del poder financiero la política monetaria.

Como coronación de una política subordinada, se firmó el tratado Roca - Runciman con el gobierno inglés, que daba un cauce a nuestras exportaciones de carnes, lanas y granos a cambio de importantes concesiones al Reino Unido.

Vale decir: El Estado intervino. Pero lo hizo para resguardar los intereses de productores agropecuarios y exportadores, en un escenario de confusión mundial sin antecedentes.

Luego llegó la Segunda Guerra Mundial. Y mutó el colonialismo.

En ese mundo en transición desde la dominación con administradores delegados desde la metrópoli hacia la dominación con inversiones extranjeras y gerentes locales, apareció el peronismo en Argentina y también lo hicieron algunos otros intentos de gobiernos autónomos, con una mirada puesta en la equidad social.

El conflicto era inevitable. En lugar de tener un espacio central de análisis –las relaciones al interior de la comunidad nacional– como sucede en el mundo central, en un país en proceso o puja de descolonización, hay dos frentes: el de distribución de esfuerzos y frutos en el ámbito interno y las controversias buscando autonomía, buscando sacarse de encima los intereses extra nacionales que definen o influencian de modo decisivo la política local.

Por eso era y es válido y necesario hablar de justicia social por un lado y de soberanía política e independencia económica por el otro.

¿El gobierno justicialista de 1946 a 1955 es calificable como un ejemplo de implementación del Estado de Bienestar?

Mi criterio es que no es así. Un gobierno que realiza un proceso de descolonización, como sucedió en ese momento, lleva a cabo una tarea con componentes fundacionales, por lo que no se puede comparar sus resultados con aquellos de gobiernos que se aplican a reducir inequidades de la estructura heredada, sin modificar su base.

Propongo calificar a tal escenario como Estado de Transformación. Es un momento en que se definen y aplican nuevas relaciones entre los individuos y las organizaciones sociales, políticas y económicas. Esas relaciones pueden en principio buscar y lograr una mejora de la calidad de vida general o pueden recorrer deliberadamente el camino inverso, de deterioro de las condiciones, al menos para algunos sectores de la población. Por supuesto, como tercera alternativa, pueden ser intentos históricamente frustrados, aunque se necesiten años de evolución hasta llegar a esa conclusión.

La diferencia entre un Estado de Bienestar y un Estado de Transformación puede ser difusa en algún momento de su tránsito histórico. Hay un punto, sin embargo, en que esa posible confusión se hace imposible. Un Estado transformador debe promover y dictar una nueva Constitución, que cambie los derechos sociales, económicos e incluso políticos, construyendo de tal modo los caminos para cambios importantes en las relaciones entre los ciudadanos, cambios que se perciban como estructurales por todos los involucrados. Esas modificaciones pueden ser de interés popular positivo o, por el contrario, pueden ser regresivas, despojando a algunos sectores de derechos que gozaban hasta ese momento.

En la Argentina, las oportunidades de reforma constitucional nos dan un interesante ordenamiento histórico de los intentos transformadores, sean populares o regresivos. La Constitución de la Nación Argentina fue dictada en 1853 y modificada en 1860, 1898, 1949, 1957 y 1994.

Los cuatro documentos que se deben asociar a etapas transformadoras de la vida argentina son: 1853, 1949, 1957 y 1994. De esos cuatro, sólo uno –el de 1949– caracteriza a un proyecto a favor de las mayorías nacionales, por promoción de una vasta gama de derechos ciudadanos y por el fortalecimiento de un Estado responsable de la protección general.

No debe sorprender en tal caso que producido el golpe militar de setiembre de 1955, apenas unos poco meses después –en abril de 1956– y violando toda doctrina de prudencia institucional, se derogara de un plumazo por decreto de facto los cambios que la constituyente de 1949 había introducido en la constitución origen, la de 1853. La convención constituyente de 1957, en consecuencia, elegida con el peronismo proscripto y con los votos en blanco como primera minoría, se limitó fugazmente a convalidar ese atropello y a aprobar un artículo 14bis que detalla derechos de los trabajadores que nunca pasaron a una etapa instrumental efectiva.

La constitución de 1994, que es la que rige actualmente, necesitaría una presentación más extensa, pero debe ser asociada a un proyecto transformador regresivo: la integración argentina a la globalización, como país periférico. Como resultado, detrás de la aparición de algunos derechos civiles, se filtró una fuerte pérdida de soberanía nacional al transferir la propiedad de recursos naturales a las provincias, convertidas así en presa fácil de las grandes corporaciones. A eso, se agregó la precarización de los sistemas de educación y salud y se confirmó la ausencia de buena parte de los derechos incorporados a la Constitución de 1949.

LA ESTRUCTURA EN LA PERIFERIA

La estructura productiva de un país –sobre todo de un país periférico– no es el resultado de un modelo teórico aplicado por algunos políticos con suficiente lucidez y poder para ser los titiriteros de una comunidad nacional.

Es consecuencia de la interacción entre las tendencias globales del capitalismo y la historia que cada país ha construido. La participación del Estado en la producción o en la prestación de servicios básicos; la intervención de sectores sindicales en la política institucional; el efectivo funcionamiento de negociaciones salariales paritarias; una educación y una salud públicas con presencia destacadas; son algunos de los varios aspectos de la vida comunitaria que, según sea su importancia relativa y su evolución en el tiempo, van creando una inercia y una memoria colectivas que condicionan las formas futuras de la integración a la globalización.

Enfrente, los condicionamientos que imponen las restricciones en la disponibilidad de divisas; la voracidad de corporaciones multinacionales –y más recientemente de ciertos países como China o países árabes– por contar con derecho a utilizar recursos naturales en su provecho y por tomar beneficio del control de los mercados internos; la hegemonía creciente del capital financiero; pujan frente a esas historias nacionales, con la dureza que les permite imponer reglas de supervivencia cada vez más elementales.

Teniendo en cuenta esa multiplicidad de factores en permanente tensión, podemos caracterizar la estructura productiva de la Argentina a principios del siglo 21 de la siguiente manera:

- Presencia hegemónica muy destacada de corporaciones multinacionales en la producción industrial, minera y petrolera, con su correlato en las exportaciones de esos sectores, en sus importaciones de materias primas, insumos y bienes intermedios y en la atención del mercado interno.

- Reducción en términos históricos del número de actores en la producción agropecuaria y correlativo aumento de la superficie promedio de las unidades, con presencia multinacional cuasi monopólica en la producción de semillas genéticamente modificadas, cuya utilización es el modelo dominante de manera casi absoluta, para oleaginosas, maíz y algodón. Presencia multinacional muy importante en el comercio de exportación de estos bienes.

- Presencia multinacional masiva en el comercio minorista de gran escala.

- Sistema financiero con presencia mixta −privada y pública−, donde las reglas del sistema, sin embargo, son aquellas que satisfacen las expectativas de las finanzas privadas, ya que el país no tiene banca de fomento.

- El Estado se retiró de la actividad productiva de bienes y servicios hace 25 años. En la actualidad tiene la mayoría estricta del capital de la mayor empresa petrolera y la propiedad de la empresa aeronáutica de bandera.

- Las pequeñas y medianas industrias nacionales tienen autonomía técnica y comercial solamente en la producción de bienes de consumo con bajo valor agregado, en sectores como alimentación, indumentaria, materiales de construcción. En el resto de los sectores son proveedores de filiales de corporaciones multinacionales o usuarios de bienes de capital importados, que les definen su nivel tecnológico.

LA EVOLUCIÓN INERCIAL

Sin la presencia de un Estado regulador o controlador o –por lo opuesto– en caso que un gobierno tenga la visión de reducir al mínimo su interacción con las decisiones privadas, considerando a éstas como las que naturalmente hacen evolucionar la economía, se puede prever que a partir de la estructura reseñada se presentarán fuertes tensiones en varios planos de la economía, a saber:

- La inversión: El componente de participación extranjera en la inversión se convierte en el factor que dinamiza o frena el crecimiento, según crezca o se reduzca, respectivamente. Eso tiene validez más allá que su participación cuantitativa en la inversión global no supera el 15% en los años más relevantes.

- La disponibilidad de divisas: La balanza de pagos es presionada por los giros de utilidades, regalías y consultorías al exterior, además de la compra externa de insumos y componentes que podrían ser desarrollados en el país.

- El salario real: El salario es solo un costo a reducir, para las corporaciones exportadoras, mientras es sostenedor del mercado interno para el resto de la actividad.

- La pobreza y la exclusión: La franja de población más humilde, cuyo trabajo no se incorpora al mercado institucionalizado, va quedando al margen del desarrollo y solo se vincula con el resto de la sociedad recibiendo asistencia para la supervivencia.

Estos son los cuatro principales planos de conflicto, de los cuales se derivan otros secundarios –algunos de ellos importantes– según cual sea la gestión del gobierno que sostiene esa mirada.

La política monetaria o la política presupuestaria, por ejemplo, contrariamente a lo que se ha instalado en la conciencia colectiva, son aspectos de gestión, que no examinaremos aquí y que no debemos incluir en el escenario de las tensiones estructurales. Un gobierno puede elegir financiarse con emisión o, por el contrario, contraer deuda interna y/o externa, y esas opciones no configuran definiciones profundas. En todo caso, las decisiones aumentan o atenúan los conflictos antes anotadas. Se harán algunos comentarios sobre estas cuestiones, pero nos importa enfatizar que los cuatro aspectos mencionados son las cuestiones estructurales que entendemos críticas en la evolución del sistema capitalista actual.

EL MARGEN DE UN ESTADO DE BIENESTAR

Volvamos a enfocar la cuestión: Llamamos Estado de Bienestar a los intentos de mejorar la calidad de vida de los trabajadores y de aquellos marginados del mundo del trabajo, sin modificar las características esenciales de la estructura productiva y financiera de un país. No se trata de un ejercicio meramente teórico, sino que, por el contrario, es un escenario frecuente en Latinoamérica. El gobierno del PT en Brasil; los gobiernos de centroizquierda en Chile; el tiempo de Raúl Alfonsín y el período 2003 a 2015 en

Argentina, son momentos políticos encuadrables en aquella definición marco.

En Argentina, como ya se señaló, aparecen cuatro restricciones principales; dos de carácter macroeconómico y otras dos de carácter social, las que por supuesto son las de naturaleza más compleja. Se analizan en secuencia.

1. LA INVERSIÓN: La dependencia –más cultural que real– de la inversión extranjera nos expone a una debilidad relevante, porque conceptualmente se trata de seducir a inversores que podrían llegar a tener decenas de países para derivar su dinero.

La manera de escapar a esa limitación, es suplir la inversión extranjera con inversión de ciudadanos nacionales, acompañada de inversión pública, buscando reducir la importancia relativa de las corporaciones multinacionales, además de aspirar a algo muy importante, como es argentinizar las inversiones de los compatriotas, en lugar de la tradición cultural de utilizar las divisas como refugio de valor.

Para un objetivo así la restricción reside en la capacidad de concebir, diseñar y conducir la implementación del proyecto, que es inevitable que quede a cargo de un ámbito público. Ni en la administración central, ni en espacios académicos o parecidos, hay experiencia ni cuadros formados en esta manera de intervenir en la estructura productiva.

Además, tampoco existen lo que podríamos llamar bancos de tecnología disponibles, pero este aspecto es secundario, si se cuenta con las ideas fuerza.

El Estado como inversor alternativo es seductor, pero a la vez peligrosamente simplificador, en escenarios como el actual, donde el ahorro está en poder de empresas y particulares y el

Estado tiene obligaciones de inversión en infraestructura y en atender necesidades comunitarias que deberían ser prioritarias a cualquier iniciativa productiva, porque en el actual contexto es el inversor obligado.

2. LA DISPONIBILIDAD DE DIVISAS: Hay numerosos estudios que explican en detalle que cuando la industria crece, las importaciones necesarias para esa evolución aumentan más rápidamente que el producto, sin ser compensadas por exportaciones, ya que la producción industrial se orienta en alta proporción al mercado interno.

Si a esa debilidad estructural se suman los efectos del giro de utilidades, regalías y consultorías a consecuencia de las inversiones extranjeras en el país; si además se advierte que las divisas se han convertido en el refugio de valor por antonomasia; no hace falta recurrir a análisis de tendencias para advertir que la balanza de pagos tiende cíclicamente a ser negativa, a pesar de los fuertes saldos positivos de la producción agropecuaria o minera.

Un Estado de Bienestar en la Argentina no puede dejar de incorporar a su estrategia la necesidad de hacer docencia exhaustiva sobre este tema, para que el conjunto de la población entienda la necesidad de regular el flujo de divisas, como se debería hacer con cualquier elemento escaso que se convierte en cuello de botella del desarrollo.

No solo los particulares debieran cambiar sus conductas en este frente, lo cual sería especialmente viable si se tuviera éxito en configurar escenarios de inversión alternativos para los ciudadanos medios. También resulta condición necesaria contar con una legislación sobre inversiones extranjeras que ponga como condición inexcusable que toda empresa de ese origen tenga un balance propio de divisas al menos neutro, cuando se consideran todos los conceptos: exportaciones, importaciones, pago de utilidades o servicios, uso de insumos o componentes importados. Cualquier empresa podría armar la ecuación propia, pero no debería admitirse que tenga saldos globales negativos.

En este marco, todavía quedarían pendientes los múltiples mecanismos de manipulación y fuga que disponen las corporaciones, con la multiplicación de paraísos fiscales, que los países centrales buscan en este momento reducir a los que están en su propio territorio; la sobrefacturación de importaciones y subfacturación de exportaciones, en la medida que se concretan al interior de las mismas empresas globales; los autopréstamos internacionales para reducir el pago de impuestos; las contrataciones innecesarias de consultorías externas; siguen las firmas.

Cabe señalar que hay una diferencia sustancial entre los balances de divisas y las discusiones sobre desequilibrios presupuestarios. El primer frente no es siquiera ideológico: si el balance de pagos es negativo, hay que endeudar al país para seguir viviendo al menos en el nivel actual. Este hipotético endeudamiento genera efectos negativos cualquiera sea la mirada a que se lo someta y por lo tanto, se debe considerar política imprescindible a la regulación de divisas, para evitar que su balance sea negativo. Desatender ese flanco implica conceder en parte a la ideología neoliberal, que ya no de manera equivocada, sino deliberada, otorga menos importancia al endeudamiento externo que a la magnitud de la emisión monetaria.

El manejo de la moneda local, que un Estado soberano puede emitir de modo independiente, es un espacio de controversia ideológica, más que técnica, porque es parte del arsenal neoliberal razonar sobre la moneda como si tuviera vigencia el patrón oro, a pesar que no se aplica hace más de 40 años, lo cual lleva a analizar la importancia de la emisión monetaria con criterios distintos, según se crea en un desarrollo nacional con equidad social o se piense desde los dueños del capital hacia el resto de la sociedad. No profundizaremos esto aquí, para no perder el eje conceptual que intentamos mostrar.

3. EL SALARIO REAL: La evolución de la capacidad adquisitiva del salario, junto con la magnitud de la pobreza, que se examinará enseguida, constituyen los dos parámetros que pueden marcar la equidad social en un momento histórico.

Antes de entrar al examen conceptual, es necesario recordar que el máximo salario real en la Argentina se produjo en 1974, lo cual es una marca del fracaso en el tema de todos los gobiernos sucedidos desde entonces y a la vez advierte sobre la enorme magnitud del tema.

El salario real, en una economía en que el trabajo es considerado una mercancía más, es el resultado de pujas y controversias, en que los trabajadores están normalmente a la defensiva, respecto del capital, que busca maximizar su beneficio reduciendo el costo de las mercancías que compra, incluyendo el trabajo. Hay en realidad dos tipos de empresas:

A. Aquellas que destinan su producto a la exportación, para las cuales el trabajo es solo un costo a minimizar. (EE)

B. Aquellas que trabajan para el mercado interno, que se encuentran frente a la disyuntiva que los salarios son un costo, pero a la vez los salarios altos se asocian a un aumento de la demanda a abastecer. En consecuencia, hay intereses encontrados y se requiere un análisis pormenorizado –desde la mirada del capitalista– para definir la estrategia más conveniente. (EMI)

Cuando el primer grupo es absolutamente hegemónico, estamos en la conocida situación del país bananero, donde el consumo popular es cercano a la subsistencia. Cuando el mercado interno tiene relevancia –como es el caso argentino– el salario real varía en la llamada «forma serrucho», esto es:

A. En un momento dado se produce una crisis de disponibilidad de divisas –el detonante histórico en el país–, que lleva a devaluar, produciendo una caída de la actividad general y una brusca retracción del salario real, con la consiguiente caída del consumo. Es de otro libro discutir la efectividad de esta medida para superar la crisis de divisas, pero en concreto eso es lo que pasa y así comenzaron varios ciclos desde hace 50 años.

B. Las EMI necesitan recuperar demanda y por lo tanto no ponen obstáculos a que los salarios aumenten más que la inflación, sea mediante paritarias o por decreto. Aumenta el salario real.

C. Hay un tiempo de recuperación, tanto del salario real como de la demanda interna, hasta que comienza a haber tensiones tanto con las EE, que reclaman baja de salarios –mediante devaluación– como con las propias EMI, que culturalmente adaptadas a la existencia de los ciclos, en lugar de invertir para incrementar su oferta, cuando se acercan a la plena ocupación de su capacidad instalada prefieren trasladar los aumentos nominales de salarios a precios, frenando así el aumento del salario real.

D. La alta inflación erosiona el tipo de cambio real e incrementa los reclamos de los exportadores, así como también acelera las importaciones. Se acerca así una nueva devaluación y el ciclo recomienza.

Los tiempos de cada fase del ciclo, especialmente la segunda fase, son determinantes para los picos que pueda alcanzar el salario real. Desde 1974, la inercia de la secuencia y el poder relativo de los actores, decide si se recupera el nivel anterior o si se supera.

La realidad histórica muestra que en cada diente del serrucho, el máximo nivel alcanzado por el salario real en su etapa de recuperación fue menor que el logrado en el ciclo anterior, salvo en el período iniciado en 2001, ya que el salario real de 2015 fue al menos el mismo que el de aquel año, aunque un 25% menor que, reitero, el insólito –por lo que él señala sobre el atraso de la equidad en la Argentina– récord histórico de 1974.

Ante esta apabullante experiencia extendida en el tiempo, se adelgaza la posibilidad de éxito de un Estado de Bienestar. No es cuestión de contar con planes alternativos para conseguir inversiones o con ingenierías financieras que permitan aliviar las restricciones en disponibilidad de divisas. En este caso, la parte de salario real que se pierde se lo apropia otra fracción de la sociedad, los empresarios exportadores, esencialmente, junto con el sector financiero, sin siquiera usar al Estado como intermediario.

Es evidente, casi un a priori, que hay parámetros macroeconómicos que son susceptibles de manejo técnico en primer término y consecuencias sociales que aparecen como derivadas. La inversión y la balanza de pagos encuadran en esa categoría.

El salario real, en cambio, es fruto de fuertes pujas distributivas de naturaleza política y los tecnicismos ocupan un segundo plano en la mesa de las decisiones.

Un Estado de Bienestar tiene poco margen para modificar esto de raíz. Lo que puede hacer es examinar en qué etapas del ciclo debe inmiscuirse. En esa tarea, parece que el momento crítico se da cuando el salario real está subiendo, recuperándose de una caída anterior y los empresarios frenan su crecimiento trasladando los aumentos nominales a la inflación.

Se abren dos formas de intervención distintas:

A. Regular precios y salarios simultáneamente. Hubo un solo momento de la historia argentina reciente en que eso se intentó. Fue durante la gestión de José Ber Gelbard como ministro de Economía en 1973/74 y no solo marcó el mayor salario real de la historia contemporánea sino que la inflación fue muy baja y el ritmo de crecimiento de la economía no fue afectado, sino lo contrario.

Esa política se abandonó en medio del caos político luego de la muerte de Juan D. Perón. El cambio tuvo una causa excluyente: la hegemonía de la tendencia de pequeños pero muy poderosos grupos económicos, que creen solo en el beneficio propio y no incorporan el desarrollo continuo a largo plazo, sino la rapiña inmediata.

B. Regular las decisiones de inversión de las empresas que operan en el país. Se trataría de una iniciativa intelectualmente más agresiva y de más difícil implementación que la anterior. Sin embargo, teniendo en cuenta que la raíz del problema del ciclo actual es que las empresas trasladan a precios los aumentos de salarios, en lugar de aumentar su capacidad de producción, la reflexión tiene fundamento.

Se debería establecer que una fracción de las utilidades –variable por cada rama productiva– debe invertirse o, en su defecto, pasa a formar parte de un fideicomiso de inversión, sin que el titular pierda la propiedad de su dinero, pero donde los recursos se aplican a proyectos decididos con mecanismos transparentes y democráticos.

Dicho de manera simplificada: Sería obligar a los capitalistas a aumentar su patrimonio produciendo más. No suena expropiador, ni mucho menos. Este esquema reduciría la tendencia a buscar la ganancia cuando se alcanza cierta capacidad ocupada y orientaría recursos para beneficio general.

4. LA POBREZA Y LA MARGINACIÓN: La manera inmediata de atender a la fracción de población sumergida en la pobreza por el sistema, ha sido –por gobiernos de cualquier signo– aplicar criterios asistencialistas, de reparto de alimentos establecer programas especiales para sectores en situación de alta vulnerabilidad.

Se puede recorrer la historia de acciones desde el Programa Alimentario Nacional (PAN) del gobierno de Raúl Alfonsín a la Asignación Universal por hijo (AUH) del gobierno de Cristina Fernández, con variaciones de intensidad importantes entre períodos, que se reflejan en las transferencias de ingresos a sectores sociales previstas en los presupuestos públicos, que más adelante se detallarán.

Pero la base conceptual es muy similar: Las razones de la pobreza son esencialmente incapacidades personales para sumarse al mercado de trabajo y lo que un gobierno puede hacer es aportar algunos ingresos y promover la formación y la capacitación generalizadas, que aumenten la empleabilidad de los humildes.

Se podría decir que sostener ese marco es esencial para quienes quieren evitar asignar la pobreza al sistema económico, con lo cual se genera una evidente contradicción: o se cambia el sistema o la pobreza no se va.

Efectivamente es así, esa contradicción existe, por lo que los planes del Estado de Bienestar deberían ser en cualquier caso calificados como de atenuación de la pobreza y no podrían ser calificados como intentos de eliminarla.

Los Estados de bienestar han mostrado aquí su principal limitación, aún dentro de su lógica intrínseca de asignar la pobreza a la falta de trabajo. El punto es que limitan su propuesta a la transferencia de recursos, dejando la iniciativa de generación de trabajo a los capitalistas. Admitido este erróneo principio, es sensato que buena parte de la ayuda del Estado debe volcarse a calificar técnicamente la oferta laboral, a mejorar su empleabilidad.

Sin embargo, hay otro gran frente de la realidad que demanda trabajo, sin que haya capitalistas a la vista: es la atención de necesidades comunitarias pendientes. Organizar el trabajo desde la necesidad comunitaria es una idea que no violenta las estructuras vigentes —con ese supuesto estamos razonando en este momento— sino que simplemente apela a miradas más participativas de la administración de la cosa pública.

La infraestructura de la vida cotidiana, que incluye desde las escuelas o las salas sanitarias a las calles del barrio, es tradicionalmente un tema que no es foco de los gobiernos y cuando se llega a situaciones límite se apela a empresas ajenas al ámbito. El cuidado de ancianos o enfermos crónicos no tiene contención social alguna. La administración del deporte, la cultura, el ocio compartido. Hay varios planos más, que no figuran en ninguna agenda política o económica, por la simple y a la vez dramática razón que no hay un negocio que los vincule al interés de un capitalista.

De manera muy precaria se ha sumado al discurso que busca explicar un horizonte sin entusiasmos, el hecho no demostrado –aunque afirmado categóricamente– que es tiempo de reemplazar ocupación en industria por ocupación en servicios. Cuando cualquier economista es invitado a describir qué contiene la idea «servicios» aparecen los trabajos en el mundo financiero; en el comercio; en la informática; en la logística. Todas éstas son demandas de las corporaciones establecidas, para sus tareas de distribución y venta. Prácticamente nunca aparecen demandas de los ciudadanos que no están vinculadas al consumo de bienes, sino a su contexto de calidad de vida. Sin embargo, por allí está el problema de la pobreza y por allí también está su solución, aún –se insiste– admitiendo las restricciones estructurales a que se resigna un Estado del Bienestar.

–
EL CASO ARSAT: LOS LÍMITES DE UN INTENTO TECNOLÓGICO INDEPENDIENTE

El proyecto que hoy es INVAP, sociedad de estado, propiedad 50% del Estado nacional y 50% de la provincia de Río Negro, nació hace más de 30 años. Fue producto de la visión de un pequeño grupo de investigadores de la Comisión Nacional de Energía Atómica, que a su vez tiene su origen en decisiones del gobierno peronista de hace más de 60 años. Ese grupo, liderado por Conrado Varotto, entendió algo muy simple de expresar: la formación de tantos científicos de primer nivel en ciencias duras, como física, metalurgia, matemáticas o química, en que la Argentina se había embarcado por décadas, no podía ser que terminara en una corriente de emigración sistemática, porque ni el sector público ni el privado demandaran sus saberes.

En la década del '80, en consecuencia,
comenzó una búsqueda que incluyó
los usos de la energía nuclear en medicina
o los reactores nucleares experimentales,
pero no sólo eso. El grupo diseñó y luego
fue archivando por falta de eco de la sociedad
en su conjunto, cosas tan diversas como un
programador automático para lavarropas;
equipos de conservación con frío para frutas
y hortalizas de alto valor; hasta un tren mono
riel elevado, como el que años más tarde
se construyera en varios lugares del mundo.
La condición que se autoimpusieron fue
que todo debía ser innovador, por encima
del nivel tecnológico medio nacional,
de manera de construir equipos y diseminar
luego los conocimientos en la estructura
productiva, formando proveedores,
técnicos de mantenimiento y todo
el resto de complejas cadenas de valor.
El proyecto era fascinante por donde
se lo mirara.

El neoliberalismo primero y la constante inestabilidad macroeconómica después, pusieron en jaque el proyecto de modo permanente. Su mentor original, tenaz en su mirada, se apartó algo de INVAP y consiguió que se creara la CONAE (Comisión Nacional de Actividades Espaciales) que logró hacer depender de Cancillería, después de una lucha sorda con la burocracia, con la media razón de que se necesita un fluido contacto con el mundo central para esas tareas.

En todos esos años, INVAP estuvo al borde la extinción, porque el vínculo con un sistema productivo hegemonizado por multinacionales no fue lo esperado y se dependía todo el tiempo de la ayuda estatal y de licitaciones en el exterior de muy larga gestión, peleando además contra empresas acostumbradas a que sus propios estados las representaran. La primera señal fuerte y diferente en toda su existencia fue la decisión de contratarles la fabricación de radares para control aéreo, a pesar de la presión de empresas extranjeras aún al interior de los organismos nacionales que debían tomar las decisiones. La siguiente fue la creación de ArSat, con la posterior decisión de diseñar, construir y poner en órbita varios satélites de comunicaciones, con el trabajo de INVAP.

El resultado, después de 30 años, aún no está logrado. El grupo aquel se expandió notablemente, concretó resultados tecnológicos similares a los que imaginaron sus creadores, pero en la estructura productiva argentina todavía son una mosca blanca y dependen de las decisiones gubernamentales, que se fueron dando en la década pasada.

La principal diferencia entre aquella idea fundante y la realidad del gobierno popular que asumió en 2003 es que se bajaron las expectativas de difundir rápidamente los conocimientos en la estructura productiva argentina. Se necesitaron más actores, que no aparecieron. Un país que diseña un satélite como el ArSat I tiene capacidad de diseñar sus computadoras, sus televisores o sus aires acondicionados, con toda seguridad. Luego, sin embargo, debe diseñar sistemas de producción masivos, en los que entran saberes adicionales a los requeridos para hacer reactores nucleares o satélites, que se producen por unidad. Allí se requiere un planeamiento que integre a otras áreas de investigación del Estado y a centenares de actores privados. Falta. Se puede. Hay que plantearlo, analizarlo, mejor cuanto antes, sobre las mieles del éxito del satélite.

Debe quedar claro a todo argentino de buena fe que en este mundo global quien tiene el diseño de un producto complejo tiene la llave de toda la cadena de valor. INVAP y ArSat habían conseguido eso. Ese diseño puede generar mayor o menor riqueza en el conjunto de la comunidad, dependiendo de cuantos actores periféricos puedan acompañar las etapas de implementación de un proyecto. Las multinacionales se han encargado de evitar la existencia de esas redes durante casi medio siglo en la Argentina. Ninguna de ellas tiene oficinas de investigación y desarrollo en el país. Ninguna de ellas desarrolla proveedores nacionales transfiriéndoles tecnología de base, sino que se limita a aceptar ofertas y controlar la calidad de lo que se ofrece, lo cual es enteramente insuficiente. Han hecho retroceder la integración de la industria automotriz a niveles lamentables. Tienen un enclave electrónico en Tierra del Fuego sin ninguna mirada integradora a futuro. No es de extrañar, en ese marco, que cuando se busca un tornillo de extraordinaria precisión para armar un satélite haya que importarlo, porque nadie antes generó la demanda ni se preocupó por organizar la oferta.

El regreso del neoliberalismo en diciembre de 2015 ha vuelto a modificar ese panorama alentador. El gobierno de Cambiemos ha abandonado la búsqueda de un camino independiente y firmó un preacuerdo con la multinacional Hugues Network Systems

para fabricar el ArSat 3 bajo las directivas
de esa empresa, a la que se le asignaría el 51%
de las acciones y, por lo tanto, el manejo
del proyecto bajo las políticas que imponga.

El contenido central de esta nota fue publicado el 20 de
octubre de 2014 en http://www.produccionpopular.org.ar/
los-tornillos-alemanes-el-arsat-y-la-tecnologia-nacional/

UN ESTADO DE BIENESTAR EN UN PAÍS GLOBALIZADO

CAPÍTULO 5

El gobierno con vocación popular que dispuso de 12 años −2003 a 2015− para desarrollar su teoría y su práctica, explícitamente buscó actuar como Estado de Bienestar en el contexto del mundo globalizado y su Constitución fundante para Argentina, la de 1994.

Esa caracterización tan definida surge de su discurso marco y de sus acciones centrales. Del triángulo básico −Estructura, Gestión pública, Subjetividad− se optó por la Gestión, poniendo en tensión la Estructura, al inclinar el fiel de la balanza hacia los sectores más débiles, aunque sin modificar sus relaciones centrales. Complementariamente, se reclamó de la Subjetividad popular que se percibiera la mejora relativa, para fortalecer así el apoyo al proyecto y su continuidad.

Se reseñan a continuación las iniciativas más importantes y luego se examina cuáles fueron los efectos logrados en el ámbito de cada una de las cuatro restricciones hasta aquí comentadas de la evolución del sistema capitalista en esta región.

Una sucinta secuencia de las iniciativas es:

- Búsqueda de mejorar el salario real a través de paritarias libres, con la expectativa que los acuerdos de salario se adelanten a la inflación.

- Transferencia directa de ingresos a los más débiles, a través de la asignación universal por hijo (AUH), de la cobertura jubilatoria al mayor universo posible de mayores de 65 años, de la actualización de jubilaciones con garantía de igualar o superar la la inflación, de planes de entrega de medicamentos gratuitos.

- Transferencia indirecta de ingresos al conjunto de la población a través de subsidiar consumos esenciales como el agua, la energía eléctrica o el transporte masivo.

- Administración restrictiva de las importaciones, de manera que la mayor demanda generada por las acciones anteriores activara el mercado interno, dando mejor aprovechamiento al tejido de pymes industriales y provocando así una espiral virtuosa.

- Desendeudamiento externo para reducir abruptamente la carga de intereses en el presupuesto público.

- Financiamiento parcial de los programas de transferencia de ingresos a través de retenciones a la exportación de productos agropecuarios, decisión basada conceptualmente en el aprovechamiento social de la alta productividad relativa del campo argentino.

- La aplicación del Estado a la prestación de servicios esenciales o industrias básicas por defecto, en la medida que las empresas privadas dejaron de tener interés en la continuidad. Así, se avanzó sobre el agua potable, la aerolínea de bandera y la mayor productora de petróleo.

No hace falta demasiado detalle adicional para caracterizar los objetivos y los instrumentos. Se trata de trasladar ingresos a los sectores más desfavorecidos, por una concurrencia de tres grandes ejes:

- Mayores salarios reales obtenidos en negociaciones paritarias.

- Subsidiar consumos de servicios y sectores con menores posibilidades de trabajar.

- Aumento de ocupación por activación del consumo interno.

Veamos los resultados prácticos logrados, recorriendo la secuencia de las restricciones que hemos señalado que enfrenta cualquier Estado de Bienestar en la periferia.

1. LA INVERSIÓN

Como se desprende de la sucinta reseña expuesta, el gobierno no implementó un programa directamente orientado a aumentar la inversión. En realidad, en el caso de la inversión extranjera hubo –por el contrario– obstáculos concretos y duros, debido a que el gobierno comenzó su gestión en cesación de pagos internacionales y la completó –luego de 12 años– sin que estuvieran satisfechos todos los problemas derivados de esa situación de punto de partida.

En consecuencia, se esperó que la inversión aumente como resultado de las expectativas favorables surgidas de la mayor demanda en el mercado interno.

En este caso, como en cualquier otro análisis de parámetros macro-económicos, es importante no hacer ni hacerse trampa, tomando en cuenta series demasiado cortas o con alguna anomalía muy evidente en su punto de partida. Por ello se toma como referencia el año 1998, que es punto más alto de inversión/producto bruto de la década anterior.

AÑO	% IBI / PBI	AÑO	% IBI / PBI
1998	21.1	2009	20.6
2001	15.8	2010	22.8
2002	11.3	2011	24.4
2003	14.3	2012	22.8
2004	17.6	2013	20
2005	19.8	2014	19.4
2006	21.6	2015	19.5
2007	22.6	2016	21.5
2008	23.1		

IBI: Inversión Bruta Interna
PBI: Producto Bruto Interno

A partir del récord histórico –por malo– de la inversión en 2002, los valores se recuperaron aceleradamente, hasta superar el máximo de la década anterior en sólo cuatro años. Se mantuvo la tendencia creciente, superando el componente de inversión privada en el total de inversión en 2011 la mayor tasa desde 1983, para descender hacia el final de la gestión. Cuando completemos el examen de los otros parámetros, podremos apreciar que la evolución de la inversión acompaña la variación del salario real y nos aplicaremos a explicar las razones del paralelismo.

En todo caso, corresponde señalar aquí que las dificultades de financiación externa y el «clima de negocios» supuestamente negativo para los inversores externos, no impidió que las tasas de inversión fueran altas, de las más altas en décadas.

2. LA RESTRICCIÓN EN EL USO DE DIVISAS

Este es un ámbito de la realidad cotidiana que ha sido objeto de mucha tensión desde hace 70 años y por lo tanto necesita una reflexión simple, primaria, desde el sentido común, para intentar barajar y dar de nuevo.

Un país soberano tiene su propia moneda, con lo cual hace posible las transacciones al interior de sus fronteras. Cuando compra o vende mercaderías o servicios de o a otro país, pueden darse dos situaciones:

A. La equivalencia entre las monedas de los dos países es reconocida en ambas jurisdicciones y razonablemente estable, con lo cual pueden usarse las dos con fluidez en los territorios.

B. Como se da en toda la periferia del mundo, que comprende la gran mayoría del planeta, la moneda del país periférico no es admitida como de libre circulación en el mundo central, a consecuencia de historias de inestabilidad o lisa y llanamente por ejercicio de un poder financiero concentrado, que impone una canasta reducida de monedas.

En el segundo escenario, por el cual transita Argentina y toda la región desde que tuvo moneda propia, resulta condición necesaria esencial contar con esas monedas de circulación libre –o al menos amplia– para poder comprar en el exterior los bienes o servicios que necesitemos para nuestra economía o para nuestra actividad cotidiana en cualquier faceta, incluyendo por supuesto el turismo en el exterior.

Básicamente, el origen de esas divisas es la exportación de bienes o servicios o las divisas que turistas de otras latitudes gastan aquí.

Pero no se trata solamente de exportar más de lo que se importa. Si en el país operan empresas de capital extranjero y si éstas han tomado deudas con el exterior, se debe pagar intereses y las filiales girarán utilidades o regalías a sus casas matrices.

El balance de esos intercambios configura la cuenta corriente externa de un país. Cuando es positivo, permite acumular reservas o cancelar obligaciones de deudas anteriores. Cuando es negativo, se necesita tomar nuevos préstamos en el exterior o buscar inversores extranjeros adicionales o en última instancia achicar las reservas.

La cuenta corriente, es necesario reiterar y enfatizar, es el auténtico parámetro estructural a tener en cuenta y procurar que tenga saldo positivo.

Todos los otros usos de divisas debieran ser considerados en una estrategia nacional como transitorios –tal el pago de deuda pública externa o su contracara de toma de deuda– o como prescindibles o mejor, evitables. En esta última categoría entran todos los usos de pura especulación financiera, empezando por el reflejo primario de los argentinos de ahorrar en divisas. Por supuesto, un gobierno que entienda esto debe tener un programa de largo plazo para construir escenarios de ahorro popular que reemplacen en el imaginario colectivo a la peligrosa tendencia a meter bajo el colchón un elemento que es escaso para el conjunto de la Nación y que necesita una administración prudente, bien lejos de las ideas especulativas.

Este flanco se ha convertido en clave para los gobiernos populares. Cuando no lo encaran de manera explícita, didáctica y a la vez sólida, quedan expuestos a la fuga masiva de divisas, capaz de hundir cualquier programa de desarrollo.

En tal sentido, el gobierno del período 2003/15 cometió un error estratégico al respetar exageradamente la tendencia a atesorar en moneda extranjera. Apoyado en los fuertes saldos positivos de cuenta corriente que siempre acompañan una gestión que se instala luego de una devaluación, ya que se contraen bruscamente las importaciones, aceptó fijar límites muy altos a la compra de divisas por particulares, de 2.000.000 usd mensuales, que eran enteramente innecesarios para la evolución económica y representaban más que nada un tributo al imaginario colectivo, para alejar fantasmas de controles irracionales o despojos como los de fines de 2001. De tal manera, no solo se dejó de atesorar reservas, sino que se perdió la oportunidad de ejercer auténtica docencia sobre el que debe ser correcto uso de las divisas.

Cuando algunos años más tarde la cuenta corriente comenzó a disminuir sus saldos, fruto del aumento de giro de utilidades y regalías al exterior, se prendieron luces amarillas que llevaron a establecer controles a los particulares que eran de sentido común, pero que la tradición cultural definió como abusivos, incentivando así la fuga, ante lo que se creyó la cercanía de una de las conocidas crisis del pasado.

Los datos de saldo de cuenta corriente del período, discriminados en saldo comercial de bienes y servicios y saldo de pago de intereses privados, utilidades y regalías se presentan a continuación y abren espacio para un rico análisis.

SALDOS DE CUENTA CORRIENTE
EXTERNA ARGENTINA

AÑO	BIENES Y SERVICIOS	RENTAS EMPRESARIAS (MILLONES DE USD)	TOTAL
2001	3522	-7303	-3780
2002	15718	-7016	8702
2003	15162	-7539	8073
2004	11934	-8857	3076
2005	12095	-7040	5055
2006	13457	-5870	7588
2007	12943	-5744	7200
2008	14139	-7502	6637
2009	17241	-9033	8207
2010	12781	-14298	-1517
2011	9977	-14403	-4471
2012	11955	-13395	-1440
2013	962	-13105	-12143
2014	2915	-10946	- 8031
2015	-4313	-11632	-15944
2016	-2520	-12505	-15024
ACUMULADO	147968	-155898	-7930

- Se ha hecho un acumulado que abarca dos años para atrás de la gestión en análisis y un año posterior, para tener en cuenta la inercia histórica de los procesos. Lo que muestra esa suma es que todo el saldo comercial de bienes y servicios no alcanzó siquiera a compensar los pagos de intereses empresarios, utilidades y regalías al exterior. A pesar de algunas restricciones a los giros, de las convocatorias de todo orden a reinvertir utilidades en lugar de enviar el dinero a las casas matrices, la estructura económica argentina tiene características tales que la presencia multinacional genera problemas de divisas en cualquier circunstancia, ya que el período anotado incluye años de fuerte expansión de la economía y de sus exportaciones, así como lo contrario.

  El resto de los componentes de la balanza de pagos —deuda pública y su amortización, inversión o desinversión privada, compra de divisas para atesoramiento, otros rubros similares— son secundarios respecto del análisis estructural que se refleja en la cuenta corriente. Además, son consecuencia de decisiones previas del Estado —como las obligaciones de la deuda externa— o son ajustables por acciones de regulación de un gobierno, como las posibles nuevas inversiones externas o la compra de divisas para ahorrar o especular.

- Examinada la etapa anterior en series más cortas, se puede llegar a conclusiones que un plazo más largo desmiente.

  Los saldos positivos del período 2003/9 fueron en gran medida consecuencia de la macro devaluación de 2002, que causó saldos exportables muy importantes por la caída del consumo local y de un período de altos precios de nuestros productos agrícolas.

Los saldos negativos del período 2010/6, a su vez, se originan en la inversión del ciclo de precios de granos y oleaginosas, junto con una importante presión de las casas matrices de corporaciones, sobre todo en 2010 y 2011 para el giro de utilidades desde sus filiales, ante la crisis financiera global que comenzó en 2008 y de ninguna manera ha terminado.

Ambas son miradas parciales. Sea el resultado pequeños saldos globales positivos o negativos, lo concreto es que nuestra historia económica reciente nos muestra que los movimientos más notorios de las filiales de las multinacionales compensan en períodos de duración mediana el saldo global de mercaderías y servicios, incluyendo el turismo. Esta afirmación es previa a advertir que las multinacionales compran en el exterior productos de empresas relacionadas que podrían fabricarse en el país o que sub facturan exportaciones o sobre facturan importaciones realizadas intra corporación, según convenga a su balance impositivo. No existen estudios nacionales suficientemente densos sobre este aspecto, pero los análisis en el propio Estados Unidos de la manipulación de precios de las corporaciones con sede en ese país, en caso de trasladarse a la Argentina, agregarían decenas de miles de millones de dólares al déficit de cuenta corriente del período examinado.

Este examen expeditivo de las restricciones externa de divisas pone entre paréntesis la posibilidad de un Estado de Bienestar de conseguir estabilidad en su desempeño sin apelar a cambios estructurales que reduzcan los efectos negativos de la presencia de empresas internacionales sobre la cuenta corriente externa.

3. EL SALARIO REAL

Como se ha señalado, consideramos al salario real el tercero de los parámetros cuya evolución muestra las fortalezas o debilidades y en definitiva los límites del Estado de Bienestar.

Hemos hecho algunas apreciaciones semi teóricas sobre la posible evolución del salario real en un país gobernado con vocación de ayudar a los sectores más postergados. El período 2003/15 se puede considerar, al respecto, como un laboratorio social de gran importancia, pues fue el período más prolongado de la historia argentina en que se buscó mejorar la condición de los asalariados y el resto de los ciudadanos de bajos ingresos, sin modificar la estructura productiva, sino por el contrario incorporando a la estrategia la expansión empresarial de cualquier origen, inducida por la mayor dimensión del mercado interno. Además, el proyecto, buscando sostener la coherencia, evitó caer en el ciclo de devaluación-caída de ingresos-recuperación y lo logró 11 años, hasta 2014.

Los datos de salario real se acompañan a continuación, con una aclaración pertinente. Los estudiosos del tema siguen tres evoluciones distintas: asalariados privados registrados, lo mismo no registrados y empleados públicos, configurando luego un índice global. Presentaremos este índice, pero para un análisis más exhaustivo, cabe señalar el apartamiento significativo de la evolución de las tres series, ya que los salarios de dependientes del Estado han quedado muy retrasados respecto del resto, lo cual sugiere una debilidad estructural del Estado para dar remuneraciones dignas a sus trabajadores.

EVOLUCIÓN DEL SALARIO REAL (ÍNDICE GLOBAL)
BASE: 1970 = 100 / MÁXIMO HISTÓRICO: 1974 = 132

AÑO	SALARIO REAL	VARIACIÓN DEL TRIENIO (VARIACIÓN 2003/20015)
2001	78	
2002	59	
2003	55	
2004	59	
2005	63	
2006	71	+29 %
2007	73	
2008	75	
2009	79	+11 %
2010	80	
2011	84	
2012	87	+10 %
2013	87	
2014	83	
2015	85	-2 %
2016	50	

· FUENTE: DAMIÁN KENNEDY - CEPED Y ELABORACIÓN PROPIA
· ENTRE EXTREMOS DEL PERÍODO 2003/2015 EL SALARIO REAL PROMEDIO
  AUMENTÓ 54.5%

Caben varios análisis sobre la serie. Una mirada pesimista o al menos crítica diría que el ritmo de crecimiento del salario fue disminuyendo, hasta hacerse negativo, esencialmente por el aumento de la inflación, lo cual indica que el intento llegó a su límite.

Otra mirada, optimista en términos relativos, diría que fue el primer caso en 40 años, donde el salario real superó el valor del año anterior al comienzo del ciclo (en este caso 2001), lo cual indica que a pesar de las dificultades estructurales el intento tuvo mejores resultados que cualquier antecesor.

Ambas conclusiones son pertinentes y hasta complementarias. Haciendo la síntesis, podríamos decir que la vocación del gobierno por aumentar el salario real se concretó, pero que las restricciones estructurales le pusieron un freno a ese crecimiento, por la capacidad de los empresarios de convertir en inflación los aumentos nominales, con lo cual se superaron los valores de 2001, pero se alcanzó un nivel que se mantiene muy inferior al de 1974, cuando se aplicaron políticas de administración simultánea de precios y salarios.

Hacemos esta afirmación sin caer en la trampa de subordinarse a los análisis monetaristas que discuten la inflación en función de hipotéticas inyecciones de dinero por emisión, que generarían excesos de liquidez y causarían el aumento de precios. Ya hay suficiente discusión en ámbitos académicos que muestra la inconsistencia de estos argumentos, en Argentina y en el mundo, como para sumar a una tarea sin sentido.

En economías con tan alta concentración empresaria, que ejerce tanto poder sobre su cadena de valor, es obvio que las decisiones sobre cambios de precios de los productos tienen centralmente que ver con la ecuación micro económica de rentabilidad, que habitualmente recomienda a esos decisores aprovechar la suba de salario real cuando el nivel de actividad es muy bajo y desentenderse de ella –adelantando los precios a los aumentos nominales de salarios– cuando la capacidad fabril ocupada es alta.

4. LA POBREZA

Las cifras de pobreza a comienzos de la gestión iniciada en 2003 eran de un intolerable 54% de la población total, para descender en 2015 a un 23/25%, que señala una importante reducción y una asignatura pendiente importante. Agrego un dato más sobre el que prácticamente no hay discusiones profundas, ni siquiera en la academia: el nivel mínimo alcanzado es claramente superior al de anteriores momentos de la historia reciente. En 1974 la pobreza era del 5%; en 1986 del 11%; en 1994 del 12%, por mencionar solo tres años. En ninguno de esos períodos, sin embargo, se aplicó un arsenal tan relevante de medidas de transferencia directa de ingresos. Todo indica que la evolución nacional del mediano plazo, dentro del marco que define el capitalismo global, afecta con fuerza al índice de pobreza y eleva el porcentaje de pobreza dura, que no se puede reducir por la mera expansión del ciclo económico.

Lamentablemente, la manipulación de las cifras desde 2007 en adelante, ha llevado a discusiones metodológicas muchas veces sensatas, pero a la vez prolongadas de manera insoportable en los ámbitos académicos, sin dedicar esfuerzos equivalentes a analizar las causas y soluciones posibles.

Uno de los análisis más prudentes que he podido examinar establece y fundamenta tres períodos de evolución de la pobreza: El primero hasta 2006, en que el problema se redujo por efecto de la recuperación económica y la consiguiente generación de trabajo;

un segundo hasta 2012, donde la reducción se acentuó por redistribución de ingresos, tanto producto de las negociaciones paritarias, como de las importantes transferencias generadas por la asignación universal por hijo, la generalización de las jubilaciones y los subsidios en los servicios públicos; finalmente un tercer período de incertidumbre en el curso general de la economía, en que la pobreza y la indigencia dejaron de bajar y hasta subieron levemente.

De los dos componentes de mejora, uno –el efecto crecimiento– surge de las decisiones de inversión empresarias, con su derrame natural en productos y servicios derivados de la mayor capacidad de consumo de los asalariados y otro –el efecto distribución– es fruto de la puja entre empleadores y empleados, a la cual se agrega el Estado, no solo como árbitro en esa puja, sino como actor dinámico para los ingresos no retributivos de una franja de la población.

Ni uno ni otro escapan a los límites fijados por la estructura productiva de bienes y servicios.

El componente de oferta, tanto en calidad como cantidad como precios, de esa estructura lo deciden los empresarios de cualquier dimensión, tomando definiciones de manera inercial, que son producto de una lógica compartida: la búsqueda del lucro.

La distribución de los frutos de esa actividad es luego resultado de las pujas por el ingreso, donde el Estado se suma a través de la manera en que aplica los impuestos recaudados y el nivel de déficit que está dispuesto a generar y financiar.

Eso es el capitalismo en media docena de renglones.

En ese esquema los pisos de pobreza y de exclusión, junto con la mejor tasa de desocupación que el Estado de bienestar puede conseguir, se han elevado de manera sistemática, como parámetro reflejo de la caída relativa del salario real en el largo plazo.

RESUMEN CONCEPTUAL

La experiencia de un gobierno con vocación popular que pudo desempeñarse durante 12 años, transitando por más de un clima político y de negocios tanto nacional como internacional, es que la presión que ejerció –o las tensiones indirectas que generó– en la estructura productiva de bienes y servicios, consiguió:

- Niveles de inversión pública y sobre todo privada aceptables, sin que este parámetro apareciera como obstáculo al desarrollo en ningún momento.

- Muy importantes excedentes comerciales externos, que sin embargo alcanzaron casi exactamente solo para financiar los giros de utilidades, regalías e intereses de las empresas extranjeras radicadas en el país, marcando este hecho una notoria fragilidad del sector externo nacional.
- Aumentos de salarios reales significativos que llegaron a superar el momento inicial del ciclo (2001), a pesar de la muy modesta recuperación del salario real de los empleados públicos, lo cual puede ser un indicio de ineficiente empleo estatal, que así se convierte en una herramienta distributiva no aconsejable. Estos aumentos se interrumpieron al final del período, dejando los salarios casi 30% por debajo de su máximo histórico, computado en 1974.

- Disminución de la pobreza a menos de la mitad de los niveles iniciales del período lo cual, a pesar de los fuertes esfuerzos en la transferencia de ingresos a sectores excluidos, significó llegar a pisos del problema mucho más altos que en cualquier década anterior.

Con alguna base de sentido común, si en 1994 la pobreza era mucho más baja que en 2015 y en 2000, a pesar del brusco aumento hacia fines de la experiencia neoliberal seguía siendo más baja que en 2015, debemos interpretar que estamos ante un problema estructural que de ninguna manera se debe confundir con errores de gestión en el área específica.

La conclusión global es que más que errores o aciertos, el Estado de Bienestar tiene límites en su búsqueda de justicia social. Los encontró en Estados Unidos, donde la equidad es notablemente menor que la alcanzada al comienzo del gobierno de Ronald Reagan, en todo el arco de países centrales, y los encuentra también en el país.

Buscaremos una explicación y un camino nuevo.

—
UN CASO
DE MANUAL:
EL FRUTITO
NEOLIBERAL
EN LA ARGENTINA

El cultivo de arándanos apareció en la Argentina a partir de una estricta lógica de negocios, que se resume así:

- Estados Unidos tiene un gran consumo de blueberry (arándano), sobre todo concentrado en una tradición del pastel de arándanos en el Día de Acción de Gracias. Eso abre una perspectiva de hacer negocio en contra estación, ya que el fruto no se presta a la conservación prolongada.

- Quien tiene las llaves de esto es aquél que sea capaz de vender y que disemine el cultivo, que es perenne.

Así, empezó. Un grupo promotor vendió la idea a pequeñas chacras a 100/150 kilómetros de Buenos Aires que hicieron inversiones cuya administración entregaron a los inventores de la idea.

Los números daban. Solo se había omitido una cosa: la cosecha es manual, frutito por frutito, a lo largo de dos a tres meses. Por lo tanto, se necesita una organización adicional, que agrupe a trabajadores locales. Y si la zona no los dispone, movilizarlos desde otra región del país.

Eso complicó el tema y aparecieron empresas de mayor magnitud que se fueron haciendo cargo y llevando el cultivo a lugar con más trabajadores disponibles. Creció un polo en Concordia, otro en Tucumán y algunos otros menores en otras regiones del país. Quedaron atrás las chacritas rentistas del comienzo. Los capitalistas grandes se comieron a los chicos. Primer paso de manual.

A medida que la oferta fue aumentando, como era toda para exportación, fue aumentando la fuerza relativa de los compradores y empezaron a bajar los precios. Segundo paso de manual.

Ahora apareció Perú como competencia. Con el detalle de que en Argentina se paga un jornal de 400 pesos por cierta cantidad de kilos cosechados y un adicional por mayor cantidad, mientras en Perú se pagan 160 pesos diarios.

«No somos competitivos». Descubrimos esto cuando en Concordia hay 12 a 15 mil personas que esperan la cosecha, donde van mujeres y chicos que suspenden la escuela, además de los migrantes santiagueños o de otras provincias.

El año pasado la cosecha se suspendió al mes y medio y los frutos quedaron en la planta. Este año ya los empresarios encontraron la solución: Pagarán los 400 pesos, pero por una cantidad mayor cosechada. La «competitividad» se recuperará sobre las espaldas de los trabajadores. Tercer paso de manual.

Y así seguirá. Año a año los trabajadores son la variable de ajuste de una actividad que nunca debió existir así, porque depender de un mercado único y no haber tenido en cuenta la gran demanda de trabajo manual es un error garrafal de quienes la diseñaron.

Concordia tiene una alternativa a la mano, a esta altura del partido. Es promover el consumo interno de este fruto en fresco o industrializado, de excelentes propiedades, casi desconocidas aquí. Con una condición: Dar prioridad a pequeñas chacras en manos de familias que se hagan cargo de la cosecha y así puedan atesorar la renta que hoy se llevan capitales financieros ausentitas que hacen cuentas de negocios que nada tienen que ver con la lógica de vida de la población local, que dependió del citrus, luego del arándano y la forestación, pero siempre como engranaje menor.

Quien le pone el cascabel al gato? Nadie a la vista. Todos los responsables, con cara de piedra, marcan que si los peruanos administran la miseria, nosotros debemos recorrer igual camino. Todo sea por competir.

Que lo parió, Mendieta, había sido previsible y perverso el neoliberalismo.

—

LA MADRE DEL BORREGO: EL TRABAJO COMO MERCANCÍA

CAPÍTULO 6

El capitalismo es confrontado en el plano político y filosófico desde hace varios siglos. No es éste, por supuesto, el espacio para desmenuzar los fundamentos de las diversas miradas e intentar eventuales clasificaciones de ellas.

En concreto, los intentos más exitosos, aquellos que llegaron a administrar comunidades y países, esencialmente modificaron la forma de apropiación del valor agregado en la producción de bienes y servicios. El excedente económico, en lugar de ir a manos de un capitalista, pasó a ser administrado en nombre de un interés colectivo.

Al apartarse del capitalismo, todos los procesos de transformación, que en buena medida se fundamentaron en cuestionar la pérdida por los trabajadores de gran parte del valor agregado que generan, mantuvieron esa diferente mirada entre generación y apropiación de valor. Básicamente, socializaron el destino del agregado de valor, en lugar de permitirles a los capitalistas el derecho a disponer de él.

La historia muestra que la aplicación sistemática de esa lógica lleva a escenarios con al menos dos atributos no deseados:

A. Los capitalistas son reemplazados por una burocracia administradora de la economía y por añadidura de los otros flancos de la vida comunitaria. Se mantiene una fuerte separación entre la tarea de generación de bienes y servicios y las decisiones sobre el destino asignado a los excedentes.

B. La historia no tiene bloqueos definitivos del pasado. La inercia cultural del capitalismo puede llevar –y lleva– a quienes ejercen poder de administración en la comunidad a tener comportamientos neo empresarios, a separar su futuro de aquel del resto de la sociedad, con lo cual revalidan los principios del capitalismo.

Esos dos atributos negativos, que han aparecido con variada intensidad en todos los procesos que buscaron un camino distinto del capitalismo, han sido y son fundamento para combatirlos, buscando mostrar que el costo/beneficio del cambio de estructura es negativo.

¿Y entonces? ¿Se podrá transitar algún sendero más virtuoso, después de siglos de capitalismo, al cual se lo diagnosticó acertadamente como un generador de riqueza y de miseria simultáneamente?

Tal vez sea Karl Polanyi, en su imprescindible *La Gran Transformación*, escrito en 1944, quien pone el acento justo, al sostener que en tanto el trabajo sea una mercancía para el proceso productivo, los conflictos sociales no tienen solución, lo cual quiere decir en buen romance que nuestra vida no tendrá paz. No marca el camino de salida, marca el obstáculo al cual no se lo puede rodear, escalar, partir. Solo debería hacerse –sólo podría calificarse de cambio pleno– lo que hasta ahora no se consiguió a escala de una comunidad: Que el trabajo deje de ser una mercancía.

A partir de esta idea podemos sumergirnos en la filosofía, para discutir las diferencias entre valor de cambio y valor de uso; o examinar en qué circunstancias el mercado es asignador adecuado de recursos. Prefiero marcar una propuesta concreta, que creo al alcance de la cultura política y social de aquellos insatisfechos con el capitalismo.

Debemos buscar que quien produce un bien o servicio y por tal razón agrega un valor de utilidad social tenga el derecho de no perder la propiedad de lo producido hasta que realice una transacción vendiendo su producto en el mercado, sin condicionamientos originados en la disponibilidad de capital, del acceso a la tierra, de contar con la tecnología necesaria, de tener un vínculo directo con los posibles consumidores. El conjunto de los derechos que asegura que esos escenarios puedan existir de manera efectiva es lo que llamaremos **Democracia Económica.**

Tal afirmación, sin embargo, no describe por completo las condiciones necesarias y suficientes. A ese universo de derechos faltantes falta agregarle una condición de contorno, como es la necesidad que el Estado –por el interés de la comunidad– consiga que la oferta de esos bienes y servicios se encuentre con una demanda que, ejercida libremente, asegure una vida digna a los oferentes y satisfaga a sus demandantes. Esta es una versión adaptada a los tiempos presentes del principio más básico del equilibrio de oferta y demanda en el mercado, que el capitalismo concentrado convirtió a veces en caricatura, a veces en perversa burla. Al Estado capaz de conseguir que las estructuras productivas cambien en la dirección señalada y que la subjetividad popular refuerce, consolide y hasta reclame ese cambio, lo llamaremos **Estado Transformador.**

Como resultado de la vigencia de una Democracia Económica, gestionada por un Estado Transformador, podrán existir formas de producción de bienes y servicios en que los trabajadores no vendan su trabajo como una mercancía; con cadenas de valor en que cada segmento realice una transacción de su aporte al valor agregado final, tal que ninguna de las dos partes –ni comprador ni vendedor– se apropie por su peso relativo del valor agregado por otro. Esos serán ámbitos de **Producción Popular.**

No se está describiendo un mundo sin capitalismo. Se están presentando las reglas básicas de algo que no existe y que podría existir y crecer como opción de organización social al capitalismo, compitiendo con él, con la pretensión de conseguir su desplazamiento y por lo tanto su reemplazo progresivo.

Se trata de construir una Democracia Económica, gestionada por un Estado Transformador, que dé un lugar a la Producción Popular y lo potencie, en forma simultánea con la administración de la sociedad capitalista, pero no con el modo resignado del Estado de Bienestar sino con la certeza que es necesario y posible cambiar el estado de cosas.

— EN CONCRETO

Este trabajo pretende fundamentar con la mejor solidez a nuestro alcance una propuesta, pero sin fugar hacia las conceptualizaciones filosóficas que se agoten en el deber ser, sin el cómo.

Por lo tanto, en varios momentos aparece un compromiso entre la teoría y la propuesta, que debe surgir de manera coherente con esa teoría. Este es uno de ellos.

Recordemos el triángulo básico presentado al comienzo:

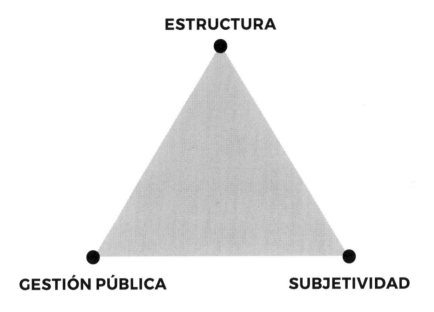

ESTRUCTURA

GESTIÓN PÚBLICA　　**SUBJETIVIDAD**

Dijimos que en el capitalismo concentrado la estructura tiende a determinar la forma y los alcances de la gestión pública, que en última instancia es adaptada una y otra vez para garantizar el éxito de los más poderosos. A su vez es la estructura, acompañada por los gestores de lo público, quien determina la subjetividad ciudadana, buscando conseguir la resignación, para cumplir con valores y normas de conducta reforzadores del statu quo.

En el neoliberalismo, en consecuencia, la relación de dos vías entre cada vértice del triángulo se convierte casi totalmente en una relación de jerarquía unilateral, en que el vértice superior comanda a los otros dos.

Cuando el Estado migra hacia un Estado de Bienestar, la relación bidireccional con la Estructura toma otra dimensión.

Los condicionamientos a la estructura, para reducir la inequidad, no alcanzan a modificar su funcionamiento inercial, pero establecen áreas de controversia y compromiso que logran mejorar las condiciones relativas de vida de buena parte de la población, con los límites que se han destacado hasta aquí en el presente trabajo. Creemos que este punto se ha examinado con la atención debida.

Cabe ahora discutir cuáles serían las acciones de modificación estructural que un Estado Transformador tomaría o provocaría, equiparando así y superando al peso de la vinculación descendente en el triángulo.

Para establecer de manera integral la Democracia Económica, seguramente se necesita una reforma constitucional, que establezca varios preceptos como legislación de base. Hablamos de derechos económicos primarios, transparentes e irreversibles. Varios de ellos podríamos decir que no solo no están vigentes sino que ni siquiera se han conceptualizado como esenciales para una sociedad más justa.

Un grupo de primeras ideas fundantes se pueden clasificar en cuatro categorías:

1. DERECHO DE ACCESO A LA TIERRA: En la Argentina no solo hay una historia de apropiación de grandes extensiones y de especulación rural y urbana con la tierra, sino que hay varios centenares de miles de productores familiares que tienen situaciones inseguras con la titularidad de las tierras que habitan hace generaciones. La tierra no es al presente un bien de producción sino de renta, con los enormes perjuicios que eso ocasiona tanto en términos de producción como de acceso al hábitat. Esto último es en gran medida la causa dominante para el déficit de cuatro millones de viviendas que se estima existe en 2017. También es un enorme daño para las producciónes peri urbanas, que son implementadas por inquilinos o medieros sin acceso a la propiedad del suelo, ya que los dueños establecen auténticos cárteles de apropiación del valor generado por los campesinos.

Más que una ley de tierras, se necesita un verdadero código que establezca derechos y obligaciones para la propiedad y uso de la tierra e impida la especulación que se apoya en la escasez, tanto urbana como rural.

2. DERECHO DE ACCESO A LA TECNOLOGÍA: Un sistema público de ciencia y tecnología debe tener como razón de ser el acopio y generación de conocimientos para mejorar la calidad de vida de una comunidad. Desde la tarea de explicar los orígenes y evolución, con sus éxitos o dificultades, hasta proyectar un futuro mejor para todos, la ciencia y la tecnología son componentes imprescindibles en un entramado social de la complejidad de un país como Argentina.

En este ámbito las necesidades de cambio estructural son muy importantes. La c y t debe dejar de ser un atributo que dota de prestigio al gobierno que la apoya y a los miembros que integran el sistema, sin que ni los responsables de su administración ni sus protagonistas cuenten con un marco referencial que los vincule a las necesidades de la comunidad en que están insertos. El vínculo es hoy responsabilidad de cada miembro del sistema, fruto de su formación social extracurricular y no de su camino académico, el que en realidad invita a tener comportamientos similares a los de los países centrales. Allí los investigadores no necesitan poner especial tesón en construir lazos con las necesidades comunitarias, porque el conocimiento científico y técnico ha adquirido la condición de patrimonio público que aquí todavía está pendiente. Son los Estados y diversas formas de iniciativa privada quienes en esos casos toman la iniciativa de construir senderos para dar valor práctico a tanta capacidad intelectual.

Para aspirar a que el conocimiento sea un componente fundamental de la democracia económica en el país se necesita ante todo integrar todo el sistema en un espacio común, eliminando la ridícula situación por la cual los recursos públicos para el tema se aplican en al menos cinco ministerios distintos, sin ninguna articulación efectiva entre ellos.

Un Plan de Ciencia y Técnica nacional solo es posible diseñarlo de manera virtuosa a partir de asumir a este componente como fundamental para el ejercicio de uno de los cuatro derechos básicos de la democracia económica. Eso implica que el conocimiento debe dejar de estar a disposición excluyente de los más poderosos del sistema.

La alegría de la creación que está asociada a una investigación en c y t debe potenciarse estableciendo mecanismos por los cuales los investigadores puedan ser requeridos ante problemas comunitarios concretos y su desempeño sea evaluado por su capacidad para resolverlos.

3. DERECHO DE ACCESO AL CAPITAL NECESARIO:

La hegemonía del capital financiero es inmensa en el mundo y se acentúa en la periferia. Todas las versiones del Estado de Bienestar –Argentina no ha sido una excepción– se vieron acosadas por los numerosos mecanismos de hacer dinero solo con dinero o de bloquear los intentos de agregar valor comunitario a bienes o servicios, que están a disposición de los banqueros en el mundo actual.

Una reforma constitucional que establezca las bases más primarias de la democracia económica –lo que aquí estamos esbozando– debe asegurar la existencia de un banco público de fomento económico y social con toda la amplitud de operación y la diferenciación respecto del sistema hoy vigente, que permita atender progresivamente cualquier proyecto de producción popular, en los términos que se definió el concepto más arriba y que se desarrollará más adelante.

Es evidente que si el capital es la columna vertebral del capitalismo, su administración de un modo distinto debe a su vez ser el carácter distintivo de un Estado Transformador. Esta afirmación —estoy seguro— resulta incomprensible o peor, inaceptable, para la gran mayoría de los economistas del así llamado campo popular. Es parte de nuestro problema como país. Esencialmente, la academia económica capitalista no está en condiciones de producir los pensadores que rompan nuestras esposas.

Es habitual que nuestros economistas queden entrampados. Cuestionan al neoliberalismo y su fe en cuestiones tan objetables como asignar a supuestas exageradas tasas de emisión monetaria alguna responsabilidad principal en la enfermedad social que es la inflación. Sin embargo, a continuación, se aplican a discusiones sin fin sobre los déficits fiscales de gobiernos liberales o progresistas, como si su sola magnitud permitiera sacar alguna conclusión sobre la calidad de una gestión. Como la historia del embarazo a medias, no se puede ser parcialmente monetarista.

O se entiende que la moneda es un instrumento o pasa a creerse que es un fin y nos habremos puesto la soga al cuello.

La única condición rigurosa de la administración económica y financiera de un gobierno transformador debe ser asegurar que cada salario pagado, cada inversión realizada o facilitada, concurren de la manera más eficiente a mejorar la calidad de vida del conjunto. Cuando esta condición necesaria y suficiente se vuelque a procedimientos, los resultados seguramente serán bien diferentes del actual modo de organización del sistema «dinero».

Tal vez entonces nuestros economistas se acerquen a comprender cómo coexisten sociedades como Japón, en que la deuda pública interna supera largamente el producto bruto sin perturbación alguna, con sociedades como la Argentina, donde la especulación es tan dominante que la menor vacilación macroeconómica provoca corridas que agravan cualquier debilidad, por pequeña que sea. De esa revelación podrán salir los caminos que necesita cualquier iniciativa socialmente útil para poder concretarse.

4. DERECHO DE ACCESO AL CONSUMIDOR: Hemos dejado para el final un tema que no se refiere a un factor de producción directo, como los tres anteriores, pero que tal vez sea la evidencia más rotunda −a veces grosera− de la falta de democracia económica en el país.

Si el capitalismo es producción para el mercado, podríamos discutir −como acabamos de hacer− si quien quiere producir dispone de los factores de producción necesarios. Pero no deberíamos tener duda que generado el bien o servicio, se accede al mercado.

Sin embargo, a medida que se avanzó en la concentración del sistema, el mercado como figura física del encuentro de productores y consumidores se convirtió primero en un recuerdo y luego en una ficción absoluta.

Hoy se ha naturalizado un escenario en que quien busque conseguir un acceso fluido a sus potenciales consumidores, no solo debe asegurar la logística de distribución, cada vez más compleja en las megalópolis modernas, sino además conseguir el insólito visto bueno de algún hipermercado, que fija condiciones enteramente a su arbitrio para exhibir cualquier producto.

El mercado moderno de bienes de consumo tiene intermediarios entre productores y consumidores. Esos intermediarios no brindan simplemente un servicio, por el contrario se constituyen en una barrera a sortear por los pequeños productores que no es simplemente una trama burocrática. Es un obvio tejido de intereses entre las mayores empresas de cada sector y los hipermercados, que termina alambrando el camino, expulsando trabajo, pulverizando los restos que pudiera haber de una democracia económica.

El segmento de comercialización, como tantos otros aspectos del sistema productivo, se ha convertido en un problema crítico para los más pequeños o los más débiles, que hace un siglo no existía.

Se trata entonces de un derecho que debe ser elevado a la categoría de constitucional, decisión que debe ser acompañada por una legislación específica de mercados públicos específicos para productores, con recursos que aseguren toda la logística necesaria para su efectivo cumplimiento. Esto puede ser complementado con legislación que establezca la obligación de los grandes espacios de comercialización de ceder ámbitos a organizaciones de pequeños productores, para ventas administradas por éstas de forma independiente.

NUEVAS REGULACIONES

A los nuevos derechos se debe sumar nuevas reglas que ordenen la intervención de actores que al presente generan problemas sociales serios.

5. INVERSIONES EXTRANJERAS: El papel de las inversiones de extranjeros en el país también debe ser definido en el nivel constitucional. La necesidad de esa precisión es doble. Se debe a su importancia en términos absolutos en el mundo global y además para aclarar a fondo un concepto que se ha cargado de prejuicios y mitos que nos ocultan la verdad.

Es cierto que algunas inversiones extranjeras abren posibilidades productivas que en su ausencia no se concretarían. Eso se debe esencialmente a la disponibilidad de tecnologías a las que no se tiene acceso en el país y a la inclusión en cadenas de valor controladas por la inversora, en que el único modo de incorporarse es en los términos que la actora define.

En términos cuantitativos, más allá de todos los prejuicios existentes y de la propaganda neoliberal al respecto, las inversiones extranjeras actuales, incluyendo en ellas la reinversión de utilidades de las empresas que ya están operando, en ningún caso superan el 15% de la inversión privada y pública totales. De este número no se pretende inferir que se puede prescindir de ese aporte, sino que éste debe ser justificado por su auténtica complementariedad de la inversión de argentinos.

Por su parte, su contracara –el efecto negativo sobre la cuenta corriente externa por el giro de utilidades, regalías e intereses– que no es señalada como un problema por los analistas habituales, hemos demostrado más arriba que iguala o supera a los saldos positivos del intercambio comercial.

Un precepto constitucional deberá establecer que las inversiones extranjeras no deberán crear condiciones físicas que impidan la industrialización integral en cadenas de valor –como es el caso notorio de los concentrados minerales que se exportan para ser refinados en empresas del mismo grupo–, ni tampoco crear problemas que agraven la restricción estructural de divisas de nuestro país. Esto último se conseguirá si se establece que ninguna empresa de capital extranjero puede generar saldo negativo de cuenta corriente externa, lo cual implica balancear exportaciones, importaciones, nuevas inversiones, giros de utilidades y otros de cada inversor.

6. RÉGIMEN DE PARITARIAS SALARIALES: Este es un instrumento que en su momento representó un fuerte avance de los derechos de los trabajadores. Sin embargo, a la fecha hay dos realidades nuevas:

A. El 40% de la población económicamente activa (PEA) son trabajadores independientes, muchos de ellos sin ocupación regular y por supuesto de exigua remuneración.

B. Las representaciones empresarias se han concentrado, con un poder mucho mayor que aquel que disponían en el momento que el sistema tomó vigencia.

El efecto de estas dos debilidades es:

- En la paritaria los trabajadores que participan toman compromiso por ellos e indirectamente por varios millones más que no tienen participación en esos acuerdos.
- Los empresarios toman compromiso por la variación nominal de salarios pero ningún compromiso por la variación de precios de sus productos, a pesar que tienen la capacidad de modificarlos casi libremente, afectando por supuesto al poder adquisitivo de los salarios.

Estos groseros desajustes llevan a que sea necesario contar con un Consejo Nacional de Precios y Salarios de jerarquía constitucional, en que se diriman todos los temas del ámbito, eliminando de cuajo el vacío normativo que afecta a las dos cuestiones recién señaladas.

RESUMEN

Hemos sintetizado la cuestión, como en varias partes de este libro, para agilizar su lectura y además para provocar a los lectores a que agreguen aspectos que se suman al mismo eje ideológico. Por lo tanto elegimos seis cuestiones de naturaleza constitucional.

1. Acceso a la tierra, al cual debe seguir un código de tierras.

2. Acceso a la tecnología, instrumentado luego a través de un sistema público unificado y con múltiples entradas.

3. Acceso al capital, utilizando como brazo ejecutor un banco poderoso de diseño totalmente superador del sistema actual.

4. Acceso a los consumidores, con sistemas públicos de proximidad productor/consumidor y regulación de los hipermercados.

5. Regulación de inversiones extranjeras.

6. Consejo de precios y salarios.

Invito a los lectores a reflexionar sobre el conjunto presentado, para identificar:

- Espacios vacíos, que requieran adecuaciones constitucionales de la misma dimensión de los anotados.
- Efectos que los cambios tendrían sobre la estructura vigente, al diseminarse por las cadenas de valor.

—

KURDISTÁN SIRIO: LA DEMOCRACIA ECONÓMICA EN MEDIO DE LA GUERRA

La región de Rojava, en el Kurdistán sirio, se declaró autónoma en 2013 y organizó una forma de gobierno popular cuya economía está basada en cooperativas que producen alimentos y productos que cubren necesidades básicas. El sistema también sirve para comprar directamente a los productores y eliminar la cadena especulativa de quienes lucran con las dificultades que provoca la guerra.

La inestabilidad política es el símbolo de la época en el norte de Siria, donde habitan los kurdos. No obstante, varias ciudades de la región lograron establecer una forma autónoma de gobierno, el Confederalismo Democrático, cuya estructura económica se basa en una extensa red de cooperativas que surgen de asambleas en las que se decide quiénes serán los responsables y qué actividades productivas tendrán a su cargo.

El novedoso sistema establece que tanto en los cargos gubernamentales como en las cooperativas la dirección es mixta, hay un hombre y una mujer al frente de la toma de decisiones. Los grupos cooperativos generan fuentes de trabajo, promueven el consumo de productos locales y benefician a la población en general con mejores precios que los que ofrece el mercado tradicional, dominado por la especulación de precios.

Para enfrentar los abusos de los intermediarios que aprovechan las dificultades de abastecimiento en medio de una guerra, los kurdos utilizan las cooperativas para contactar directamente a los productores para acortar las cadenas especulativas. La cooperativa Havgartin, una de las más grandes, con 26 mil socios, lidera esas compras comunitarias.

«La idea surgió hace un año en el pueblo de Zargan durante la crisis del azúcar. Estamos bajo un embargo y los comerciantes capitalistas lucran especulando con los precios de los productos básicos. Así surgió la idea de conformar una cooperativa para comprar azúcar y venderlo a un precio más bajo respecto del mercado. Desde el azúcar hacia otros productos el paso fue breve, así empezamos a involucrar a varios Komin (comunidades) para que nos compren. Al comienzo la cooperativa funcionaba como mayorista, hoy distribuimos productos de otras cooperativas e invertimos el 5 por ciento para crear nuevas, y ya desde nuestro impulso nacieron ocho más», explicó Zafer, miembro del consejo de administración de Havgartin, al sitio italiano dinamopress.it

La tarea de esta cooperativa no termina allí. «Nuestro objetivo final es sustraer el control del mercado a los comerciantes y a los mayoristas que no sociabilizan la ganancia con las comunidades, y por eso vamos a conformar un banco para financiar nuevas cooperativas», señala Zafer.

Esta novedosa forma de organizar la economía enfrenta el problema del escaso capital disponible por una población aislada y sometida a un conflicto permanente. Sin embargo, van surgiendo ideas que permiten paliar ese déficit. «Cada cuota social sale 100 dólares. Quien no tiene esa plata puede ser socio ofreciendo su trabajo o compartiendo las cuotas con otras personas. Cuando es necesario, los socios nos ayudan en el campo», ilustra Aznad, un campesino de la cooperativa agrícola Karsik, que con 5 mil socios produce verduras, maíz y leche. Los trabajadores cobran el 8 por ciento de las ganancias y el resto se reinvierte en las actividades de la cooperativa.

«Queremos que nuestra economía se conforme por el 80 por ciento de cooperativas, no creemos en un modelo socialista que prohíbe la iniciativa privada. Nuestra idea es que cada persona tenga un rol activo en la sociedad y la trasformación tiene que darse paso a paso con la participación de la gente», afirma Haval Rachid, co-presidente del Departamento de Economía, del gobierno del Movimiento de la Sociedad Democrática (TEV- Dem), que gobierna la región desde 2012 pese a la continua amenaza de las fuerzas armadas turcas, las rusas y el estado islámico ISIS.

PARA PROFUNDIZAR INFORMACIÓN SOBRE ESTE TEMA
· http://www.dinamopress.it/multilanguages/
cooperativas-y-comunas-la-tercer-via-del-rojava-en-el-conflicto-en-siria
· http://kurdistanamericalatina.org/
cooperativas-de-mujeres-un-vistazo-al-modelo-economico-de-rojava/

OTRA VEZ EL TRIÁNGULO

CAPÍTULO 7

Al principio de este trabajo he presentado como esquema didáctico central un triángulo Estructura / Gestión de Estado / Subjetividad, que busca con esa imagen caracterizar la relación entre la estructura productiva, la administración de la comunidad a través de los distintos estamentos y la forma en que los ciudadanos se ven a sí mismos y a los otros dos componentes. Señalamos allí que en el capitalismo concentrado, con gobiernos neoliberales, es la estructura la que determina los ejes centrales de acción de los gobiernos y a su vez la subjetividad de los ciudadanos. Esto último, se produce por dos vías:

A. DIRECTA: El capitalismo marca el trabajo en relación de dependencia como el *desideratum* de cualquier ingresante al mercado laboral. Esa modalidad de trabajo es la que marca los valores de relación al interior de una unidad productiva, sobre quién decide, quién y cómo se apropia del valor agregado y todo matiz imaginable.

B. INDIRECTA: Los gobiernos refuerzan las relaciones al interior de la sociedad para instalar como opciones únicas las que construye la estructura. Sus vínculos con la subjetividad ciudadana son en términos concretos una suerte de guía para adaptarse a lo ya dispuesto, marcando como contracara las sanciones sociales para quienes elijan otras metas. La síntesis comunicacional desde los gobiernos hacia los ciudadanos sería la consigna: **Ocupate.** Cada uno arma su vida dentro de un esquema prefijado y que no puede modificar. Hay quienes triunfan en ese intento y quienes no. Así de elemental.

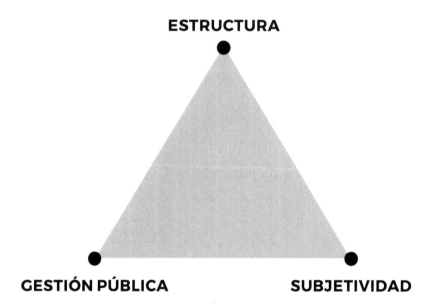

EL TRIÁNGULO EN EL ESTADO DE BIENESTAR

En el escenario donde el Estado de Bienestar busca instalar su protagonismo, la estructura productiva mantiene la hegemonía, pero el gobierno pasa a hacerse cargo de mejorar la calidad de vida de los más humildes, a través de presionar, negociar, condicionar a la estructura.

El Estado es así una suerte de representante de los más débiles, mejorando su posición negociadora, ante aquello que se reconoce como el poder económico.

En la base del triángulo, que establece la interlocución entre el Estado y los ciudadanos, el mensaje cambia. Su síntesis sería **Síganme,** indicando así que se conduce la resistencia al poder y que se procura la atenuación de los daños que éste podría causar.

Esta simple y a la vez potente consigna ha tenido un tránsito curioso en la historia argentina reciente. El primero en usarla fue Carlos Menem, quien en la campaña presidencial de 1989, la aplicó con precisión a caracterizar las bases de un estado de bienestar tradicional. Apenas comenzó su gestión, sin embargo, dejó a un lado totalmente esa consigna y fue fiel seguidor de la idea de **Ocupate.** Tocó al gobierno iniciado en 2003, cumplir con los implícitos y explícitos de la consigna, aunque se diera la paradoja que ante la mala experiencia de la década anterior, ella nunca se subió al discurso oficial.

En términos de la crónica política podría glosarse que Menem lo dijo y Néstor y Cristina Kirchner lo hicieron.

Más allá de esta particular curiosidad histórica, es importante para nuestra presentación caracterizar la respuesta de la subjetividad ciudadana ante el mensaje del Estado.

Al **Ocupate** no corresponde respuesta orgánica de diálogo. El mensaje desde el Estado –por definición el organismo de administración de los conflictos o controversias comunitarias– no puede recibir otra réplica que el progresivo conflicto, como reemplazo del diálogo. Si quien debe mediar, aun cuando fuera sin imparcialidad, lisa y llanamente reclama a cada ciudadano que se haga cargo de su vida, sin ninguna contención pública, define en ese instante que todo el tránsito será de controversia en controversia. Los ciudadanos que se organicen colectivamente, lo harán centralmente para reclamar a quienes legítimamente deben considerar sus adversarios, que formarán parte de la estructura –hecho previsible– y del Estado, esto último inconcebible.

Al **Síganme,** la respuesta más probable de la subjetividad de aquellos que creen necesitar del Estado, es **Dame.** Ese pedido el Estado de Bienestar lo atiende con concesiones que consigue de la estructura –algunas de las cuales las obtienen los mismos ciudadanos apoyados en el poder supletorio que les otorga el Estado– y como asignaciones directas, para aquellos sectores que considera más necesitados.

EL TRIÁNGULO EN EL ESTADO TRANSFORMADOR

En el Estado Transformador, la instancia a la cual aspira a delinear y motivar este trabajo, la palabra-consigna clave en la relación con la ciudadanía no sería una de las dos anteriores, sino: **Ocupémonos,** marcando así una convocatoria colectiva, masiva, para trabajar por mejores condiciones de vida, así sea modificando cuestiones importantes de la estructura que construyó el capitalismo en su historia de siglos.

La respuesta a esa llamada del gestor de la vida comunitaria debería ser: **Dame Derechos Económicos,** como los que hemos resumido y agrupado alrededor del concepto de Democracia Económica. Será fruto de una metamorfosis del actual Dame, que será elaborada mediante las discusiones sociales y políticas profundas que la comunidad necesita y se merece.

Se trata de una progresiva transformación del triángulo actual de relaciones Estructura / Gestión Pública / Subjetividad.

Al pasar del Estado neoliberal al Estado de Bienestar el triángulo se mantiene. Solo se modifican algunos contenidos y la intensidad de los vínculos de ida y vuelta entre los vértices. Justamente a causa que los vértices del triángulo siguen siendo los mismos, se debe entender que el pasaje de una forma a otra de Estado es reversible. La historia, en particular la historia contemporánea de Latinoamérica lo confirma.

Al avanzar hacia un Estado Transformador comienza un proceso de mutación de duración impredecible, que solo se estabiliza cuando los tres vértices tienen otra configuración. Esta será:

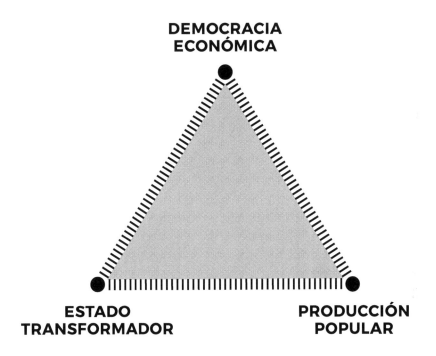

Antes de llegar a esa imagen, que quiere significar que un Estado Transformador se debe ocupar con prioridad de consolidar la democracia económica y que la subjetividad ciudadana se ha agrupado alrededor de la producción popular, hay que responder numerosas preguntas en secuencia, para darle viabilidad al cambio.

Si el vértice clave surge a partir de la posibilidad de concebir, concretar y asegurar un Estado transformador, ¿cómo se llega a él?

Desde la política, diríamos. Eso quiere decir desde la organización de parte de las subjetividades ciudadanas para acceder a esa meta. Y esto, ¿será pura prédica teórica, cuestionando al neoliberalismo y también al Estado de bienestar, este último por insuficiente? ¿Bastará con eso?

Es casi obvio –leyendo la historia– que eso no basta. Frente a la estructura actual, los elementos de democracia económica y de producción popular, deben concebirse y buscar ser implementados, cualquiera sea las características del gobierno del momento, entendiendo como hecho natural que esas iniciativas reforzarán la posibilidad de que existan otras y de que finalmente se concrete y consolide un Estado Transformador.

Por lo dicho, imaginamos –y deseamos– que el futuro sea representable por una mutación casi continua desde el actual triángulo de relaciones, hacia el triángulo deseable, en que cada vértice se vaya transformando a velocidad propia, que seguramente tendrá diferencias con las otras dos dinámicas. Esos cambios se convierten en unidireccionales e irreversibles a medida que la acumulación de subjetividades toma fuerza; que aparece legislación sobre democracia económica; que hay producción popular imitable y diseminable.

Ya hemos presentado un marco para la democracia económica. Resta un detalle de casos de producción popular.

—

EL PLAN LUCAS, LA DEMOCRACIA ECONÓMICA PENSADA POR LOS TRABAJADORES

El plan corporativo alternativo de Lucas Aerospace Shop Stewards Combine (conocido desde entonces como «El Plan Lucas» o el «Combine») fue lanzado en 1976 y se hizo famoso en todo el mundo, provocando un movimiento internacional por la producción socialmente útil y los planes elaborados por los trabajadores.

A mediados de la década de 1970, Lucas Aerospace se encontraba en crisis y la amenaza de despidos era inminente. Frente a esa perspectiva, sus trabajadores decidieron negociar de un modo inusual. Como más de la mitad de los ingresos de la empresa provenía del gasto militar, se dedicaron a organizarse para redactar un plan que proponía cambiar la producción que estaba declinando por productos socialmente más útiles. El argumento central era que de ese modo se garantizaban las fuentes de trabajo y se mejoraba el gasto público atendiendo las necesidades de la comunidad.

En una primera etapa, identificaron los conocimientos, habilidades, experiencias de los trabajadores y las necesidades que presentaban las comunidades en las que vivían. De ese modo, diseñaron y produjeron prototipos de 150 productos alternativos que cubrían demandas sociales. El Plan también incluía un análisis de mercado y una propuesta de capacitación de los trabajadores para ampliar sus competencias profesionales. El organigrama propuesto también era revolucionario, eliminaba cargos ejecutivos con el objetivo de formar equipos más integrados entre obreros, técnicos e ingenieros.

La estrategia de los delegados que organizaron el Plan Lucas era clara: no se trataba de reclamar el mantenimiento de las fuentes de trabajo en una industria en crisis sólo por una cuestión social, se buscaba que no se pierda la experiencia de cientos de trabajadores con conocimientos muy específicos para ponerlos al servicio de finalidades socialmente útiles. «La única manera de que nos sumáramos a un plan corporativo pasaba por elaborarlo de forma que se cuestionara el interés lucrativo de la compañía y aludiera a conceptos como el provecho social», señalaba Mike Cooley, un diseñador y delegado de Lucas que dirigía la rama local del sindicato técnico TASS.

La propuesta no se agotaba en el documento que habían elaborado. Los trabajadores empezaron a hacer giras por toda Gran Bretaña con *show rooms* en los que mostraban los prototipos que diseñaron y facilitaban a los trabajadores de otras empresas su conocimiento para elaborar sus propios planes. Al reclamo de mantener sus puestos laborales con trabajo socialmente útil, le sumaban su prédica por la democratización de la tecnología.

Entre las innovaciones que proponía el Plan, había motores de automóviles híbridos, bicicletas eléctricas, bombas de calor, turbinas eólicas, dispositivos de ahorro de energía, equipos para atender discapacidades, juegos para chicos y redes informáticas para la comunidad. Los productos diseñados por los trabajadores no sólo eran viables económicamente sino que en los años posteriores algunos de esos modelos fueron aprovechados por la industria ya que se adelantaban a las tendencias que se generalizaron en las décadas posteriores.

Uno de los funcionarios más entusiasmados con el Plan fue el Secretario de Industria del gobierno laborista, Tony Benn, que intentó la aprobación de su gobierno a la propuesta de los trabajadores de nacionalizar la empresa para llevar adelante el modelo que proponían. «Se trataba de un grupo que había hecho los deberes y se había anticipado al problema. Otros habían acudido a mí en el último momento, preguntándome qué podía hacer porque su empresa había quebrado», explicaba años después Benn.

Pero en ese momento se había producido el recambio del primer ministro Harlod

Wilson, que dimitió por problemas de salud, y la asunción de James Callaghan, un político más conservador y alejado de las ideas de Benn. Además del recambio gubernamental, la influyente Confederación Británica de la Industria (CBI) había advertido al gobierno que rechazaba de plano el Plan de Lucas. El proyecto tampoco fue apoyado por los líderes sindicales, preocupados por las consecuencias de permitir que las bases tengan un protagonismo que ponga en conflicto su jerarquía.

De este modo, esta iniciativa de democracia popular quedó sin apoyo oficial y nunca pudo concretarse. En los años posteriores, las ideas que propusieron los trabajadores de Lucas inspiraron a varios movimientos sociales en Europa y algunos de los principales organizadores siguieron trabajando por el uso de la tecnología con fines sociales.

PARA MÁS INFORMACIÓN SOBRE ESTE TEMA:
· http://lucasplan.org.uk/story-of-the-lucas-plan/
· http://www.workerscontrol.net/authors/lucas-aerospace-combine-shop-steward-committee-corporate-plan-contingency-strategy-positive-

LA PRODUCCIÓN POPULAR

CAPÍTULO 8

Empecemos por plantear la confusión máxima: Apelamos a un término nuevo –Producción Popular– porque el concepto es distinto de lo que en otros ámbitos se llama Economía Popular o Economía Social o Economía Solidaria, que a su turno difieren entre sí.

Sin incursionar en la precisión de otras definiciones, el problema es que ellas han sido utilizadas para caracterizar escenarios económicos que se perciben como subconjuntos del sistema capitalista, con diferencias con la orotodoxia por razones éticas en el reparto de los frutos o –como en lo que se denomina economía popular– porque abarca el universo de actividades de subsistencia de los que han quedado excluidos del sistema. Ese no es nuestro punto de vista.

Nuestra mirada es contribuir a la construcción de un **sistema superador del capitalismo.**

La idea de producción popular tiene un origen teórico, lo cual en un mundo en crisis es más un peligro que una virtud, porque hasta que no se ve reflejada en situaciones concretas, puede ser considerada –con legitimidad– un producto del voluntarismo o peor, de divagaciones abstractas que tienen un atributo casi onanista.

No queda otra que entender el riesgo y someter el concepto a todas las pruebas ácidas que corresponda, porque a medida que éstas se van superando, la idea se va fortaleciendo.

El principio: Entendemos por producción popular aquella en que el trabajo no es una mercancía que es comprada –pagada– por un capitalista. El producto obtenido –un bien o un servicio– llega a manos del consumidor sin que nadie en la cadena de valor se apropie de parte del valor agregado por otro, a causa de ejercer un poder. Esa asignación sólo será el resultado de brindar un servicio o proveer una materia prima o un componente.

El énfasis está puesto en la forma de generar un producto o servicio; a la vez que se definen las condiciones bajo las que se distribuyen los frutos. Esto es básico.

Por supuesto no se sostiene que hay que parar el mundo y volver a arrancar. Para construir espacios de producción popular, en muchos casos –no en todos, pero muchos– es necesario y suficiente transformar cadenas de valor que ya están funcionando. El criterio a aplicar es evidente en el papel, aunque no tan lineal en la práctica: Se trata de eliminar el lucro como motivo dominante de la actividad, hecho que –como hemos visto– ha llevado inexorablemente a considerar el trabajo como una mercancía, idea núcleo para la disgregación social. El cambio tiene dos facetas necesarias, cuya naturalización será responsabilidad del Estado Transformador:

A. Para quienes producen, el objeto de su labor debe ser acceder a una calidad de vida digna y con horizonte definido y positivo.

No se trata ésta de una afirmación pseudo ética, como aquellas que acostumbran asignar los problemas al «carácter de los argentinos» y su solución a cuestiones tales como «el respeto mutuo». Estas cosas son simples banalidades que alejan el análisis de los problemas estructurales.

Volviendo a la sentencia arriba anotada, creemos que en realidad describe aquello que la gran mayoría de los ciudadanos hace y busca de la vida. Nuestro planteo es que en lugar de ser una mirada que se exhibe como resignada, por no poder cumplir con el estereotipo del empresario exitoso, postulado por el neoliberalismo, sea un valor positivo trascendente; el valor que justifica el hecho de trabajar.

B. Para los consumidores esa oferta de bienes debe atender una necesidad concreta comunitaria, que así se satisface adecuadamente.

Esta lógica lleva a su turno a identificar necesidades comunitarias nuevas, que se agregan a la demanda, a las que la inercia capitalista no atiende y de tal modo se invierte la secuencia, generando la unidad productiva a partir de la necesidad.

En lo que sigue, examinaremos situaciones específicas, para entender sus fortalezas y limitaciones, así como detallaremos ejemplos concretos de realización.

—
LOS BIENES DE SUBSISTENCIA PRIMARIOS: ALIMENTACIÓN Y VESTIMENTA

SITUACIÓN ACTUAL: Podríamos sintetizar diciendo que la alimentación y la vestimenta forman parte de los derechos humanos más primarios reconocidos en cualquier ámbito nacional o internacional. Sin embargo, su producción, distribución y comercialización están planteados como negocios, en los que los productores pueden –hasta deben– buscar la maximización del lucro.

Este conflicto entre los derechos y la forma de acceder a su gozo tiene resultados que están a la vista; se expresa en los millones de personas con necesidades básicas insatisfechas, aquí y en todo el mundo, con su contracara de grandes corporaciones de producción de alimentos o indumentaria, que obtienen importantes beneficios por su actividad.

ACCIONES INSTITUCIONALES PASADAS Y PRESENTES: No dedicaremos mayor espacio a analizar lo hecho por aquellos gobiernos que contribuyeron a reforzar la inercia capitalista, que llevó al estado de cosas descrito. Solo interesa reafirmar que la dinámica de la economía capitalista provoca estas contradicciones, con agresiva exclusión de fracciones importantes de la población y que un gobierno neoliberal no es la causa, sino un instrumento para la consolidación de esa condición. Esa es la razón por la que el triángulo de relaciones tiene como vértice superior –como imagen de hegemonía– a la estructura productiva.

Los esfuerzos del Estado de Bienestar, a su turno, por controlar la voracidad de los ganadores del negocio, pueden tener consecuencias positivas, pero éstas serán inexorablemente transitorias, en tanto no aparezcan actores productivos que se sumen con otra lógica, ya que los controlados se mantendrán reprimidos, a la permanente espera de encontrar flancos débiles.

ACTORES DE LA TRANSFORMACIÓN: Una parte sustancial de los actores de un escenario mejor ya existen. Son los productores familiares o pequeños de la agricultura y la agroindustria, junto con centenares de miles de trabajadores de talleres personales, familiares o esclavizadores de la indumentaria. En ambos casos, la intermediación entre la producción y el consumo es notoria y absolutamente expoliadora, desarrollándose en varias etapas sucesivas. A eso se agregan los otros elementos ausentes de la democracia económica: la enorme dificultad para acceder a la tierra en propiedad; la falta de un sistema que se aplique expresamente a la transferencia de tecnología; la ausencia de un banco dedicado a estos productores.

Además de lo obvio –la necesidad de actitudes transformadoras en el Estado– se pueden y deben estimular iniciativas de los ciudadanos en tanto consumidores, que a su vez sirvan como elemento de demostración y de presión sobre los responsables políticos. Para eso, la creación de círculos donde se contacte productores con consumidores en forma directa, a través de mecanismos público-privados o simplemente privados, que se encarguen de la distribución como un servicio, sin apropiarse del valor generado por los productores, es un camino necesario. Aún cuando un Estado Transformador tome conciencia del tema, la participación masiva y organizada de los consumidores es la mejor garantía de la irreversibilidad del cambio.

OTROS ACTORES HOY EXISTENTES: El andamiaje actual de la búsqueda del lucro por encima de las necesidades más elementales, se monta en varios segmentos indeseables en su actual condición:

- **INTERMEDIARIOS DE PRODUCTOS FRESCOS** Operan sólo sobre la base de su capacidad financiera y de la presión que representa para los productores la corta duración de sus productos. Se trata de una actividad claramente antisocial, en tanto sea un negocio de comprar al indefenso y no se limite a un servicio de distribución. La construcción de vínculos entre productores y consumidores debe ir eliminando estos eslabones.

- **HIPERMERCADOS** Es un sistema que ha desplazado un servicio —los almacenes de proximidad–, reemplazándolo por un negocio que decide autónomamente qué es lo que vende y cuya estrategia es bloquear a los oferentes que le representen una perspectiva de menor lucro. Esta situación es una de las más claras ofensas a la idea de democracia económica. Un Estado Transformador debe legislar el derecho de la producción popular a vender sus productos, con administración propia, en espacios asignados en las mega unidades de comercialización minorista que hoy existen.

- **MARCAS DE INDUMENTARIA** La moda, la marca asociada a esa moda, son parte importante de una necesidad –la vestimenta– convertida en negocio. La incesante prédica para diferenciarnos se expresa también en esta faceta de la vida. La instalación de una marca en el mundo actual es lo que permite que los precios de venta de un producto no tengan relación alguna con su costo de producción, superándolo en proporciones inimaginables por quienes no analicen la cadena de valor. Pero nada es lineal ni inocuo en el sistema. Ese híper beneficio de la marca, en sectores de bajo umbral de entrada a la producción, por la baja inversión y rápida formación laboral requeridas, invita el ingreso de imitadores y especuladores de todo color, para vender a precios por debajo de la marca. Todos ellos –la marca y los imitadores– están sentados sobre las espaldas de centenares de miles de trabajadores cuyo salario real es una variable de ajuste central de la competencia en el sector. Este estado de cosas solo se puede modificar progresivamente. Un Estado que genere puntos de encuentro dignos entre productores y consumidores, con la condición para los productores de no falsificar marcas y cumplir con la normativa impositiva y de trabajo, provocará una caída abismal de precios finales, beneficiando a la vez a los productores y obligando de forma concreta a las marcas a incluirse en un sistema más equitativo.

ANTECEDENTES MUNDIALES: Hay muy interesantes antecedentes de intervenciones comunitarias o estatales en estos dos sectores, con éxitos y fracasos mezclados, que permiten afinar la puntería.

Es clara la división. Los éxitos están vinculados a la construcción de ámbitos nuevos, en cuyo interior las relaciones protegen simultáneamente al productor y al consumidor, minimizando o eliminando a otros eslabones ociosos. Los fracasos, por el contrario, tienen que ver con los intentos de asignar a aparatos estatales la responsabilidad de controlar a los flancos donde aparece la posible explotación. Ninguna de estas búsquedas, incluyendo las campañas internacionales para eliminar trabajo infantil o en condiciones límite en la indumentaria, ha logrado corregir el rumbo. Los mejores logros –paradojales– han sido eliminar esas tareas en cierto país y que las corporaciones hayan encontrado otros países donde replicarlas.

Los ejemplos positivos más interesantes se han dado en la producción de alimentos, con la proliferación de acuerdos entre grupos de consumidores y un productor, al cual le financian la actividad desde la siembra, que la planifican en conjunto. Estos modelos se agrupan en lo que se conoce como Community Supported Agriculture (csa),o Agricultura Apoyada por la Comunidad (aac), que ya tiene décadas de vigencia, habiéndose expandido desde Japón, en la inmediata posguerra, a Estados Unidos, Inglaterra. Australia y varios otros países. Un fenómeno valioso adicional en esta cuestión ha sido que luego que existieran miles de acuerdos entre consumidores y productores, el tema tomó estado institucional. El Departamento de Agricultura de Estados Unidos sumó la csa a sus políticas de estímulo a los pequeños productores, el Ministerio de Agricultura inglés tiene un Manual sobre cómo formar un acuerdo de csa y así siguiendo.

En el sector de indumentaria hay numerosos intentos fallidos de acotar vía reglamentaciones y propagandas el trabajo infantil, riesgoso o mal retribuido. Los intentos positivos a considerar son casos como el de la ciudad de Los Ángeles, en Estados Unidos, que ante la migración de trabajo en indumentaria al sudeste asiático, reconstruyó la cadena completa para decenas de miles de trabajadoras en pequeños talleres, asegurando una inserción al menos correcta en la cadena de valor. Hay muchos más, de distritos con vocación industrial en Europa o en Japón.

También es importante conocer la creciente atención que el mundo central otorga a los mercados de productores, donde los Estados garantizan la infraestructura y la logística para el funcionamiento de ámbitos de contacto directo entre productores y consumidores, promoviendo incluso organizaciones nacionales de esos mercados. En países con geografía extendida, como Estados Unidos, son actividades de menor dimensión, a pesar de su proliferación acelerada. Al contrario, en todos los países europeos llegan a ser la forma principal de abastecimiento comunitario, especialmente de alimentos.

LECTURAS COMPLEMENTARIAS:
· Sharing the harvest - A citizen guide to Community Supported Agriculture - E. Henderson (2007)
· https://www.nal.usda.gov/afsic/community-supported-agriculture Hoja oficial del Departamento de Agricultura de EEUU.
· http://orgprints.org/9062/1/share_harvest.pdf Buena reseña del tema en Inglaterra
· http://farmersmarkets.org.au/shop/ Hoja de las ferias de productores de Australia.

—
PRODUCCIÓN POPULAR DE ENERGÍA

SITUACIÓN ACTUAL: Vivimos en la llamada edad de la energía. Gran parte de las actividades de una sociedad moderna están basadas en la posibilidad de disponer de energía. Ésta, a su vez, se ha obtenido durante más de un siglo, a partir de recursos no renovables, como el carbón, el petróleo y el gas, generando hace ya décadas discusiones de todo tipo sobre el momento en que esas fuentes sean insuficientes.

La evolución tecnológica llevó aquí a concentrar espacialmente las unidades generadoras, de gran porte, dejando a los equipos individuales o pequeños solo para situaciones de emergencia o para lugares aislados, separados de las redes de distribución, que se diseminaron a partir de la construcción de grandes centrales. Hace ya mucho tiempo que se identificó a la provisión de energía eléctrica como monopolio forzoso, lo cual justificó que se considere inevitable que el Estado administrara el sistema de modo integral.

El neoliberalismo también se llevó este sano precepto por delante y se privatizaron segmentos de generación y distribución, convirtiendo a comunidades enteras en consumidoras obligadas de energía que ni siquiera conocen quién produce o quién distribuye. El Estado se limita, desde entonces, a regular la actividad, verificando que los actores productivos cumplen sus compromisos, con la posibilidad −en tiempos de control estatal por parte del neoliberalismo− que tal regulación derive en la búsqueda de lucro máximo para las prestadoras.

Hace ya casi 50 años, sirviendo como caso práctico demostrativo del solapamiento de los procesos históricos, emergieron innovaciones tecnológicas que progresivamente han dejado atrás la necesidad inevitable de producir energía eléctrica en pocos lugares y transportarla desde allí a grandes distancias. La energía fotovoltaica –a partir del sol– y la energía eólica –a partir del viento– puede obtenerse en cualquier lugar con irradiación solar o vientos razonables y por lo tanto puede consumirse allí mismo, sin necesidad de transporte alguno. Un sistema de generación distribuida se convirtió entonces en una opción des concentradora y des monopolizadora.

En el medio siglo pasado, el crecimiento de esta forma de contar con energía ha sido más el resultado de las miradas sobre la organización comunitaria de un país que fruto de un análisis económico o tecnológico. A mayor participación popular, más estímulo a la generación doméstica o en pequeña escala, a partir del sol o el viento.

ACCIONES INSTITUCIONALES PASADAS Y PRESENTES: Argentina comenzó su historia energética con actores privados extranjeros, a los cuales se otorgó concesiones, muchas veces mal reguladas, con escándalos de corrupción asociados, ya desde hace 80 años.

Acompañando la tesis de la prestación pública en casos de monopolios forzosos, en la posguerra mundial el Estado se hizo cargo. También subidos a los vientos neoliberales posteriores, todo el sistema se privatizó en la última década del siglo pasado. Desde entonces se estabilizó un sistema mixto, con usinas estatales y otras privadas; con sistemas de transmisión públicos en su mayoría y redes de distribución administradas privadamente en varias grandes ciudades y por cooperativas locales en el resto. Eso en líneas generales.

Las energías renovables de origen eólico o fotovoltaico, han aparecido en el escenario, pero representan menos del 2% de la oferta, con el serio agravante conceptual que no se ha habilitado a los ciudadanos comunes para que puedan producir su propia energía y eventualmente volcar excedentes de su consumo a la red general. Hay algunos pocos avances provinciales, de exagerada timidez y lentitud. Las instalaciones hasta ahora ejecutadas siguen el mismo patrón de propiedad concentrada que aquellas que se basan en recursos no renovables.

ACTORES DE LA TRANSFORMACIÓN: La perspectiva para la producción popular en este campo es simple e inmediata. Las cooperativas de servicios públicos de todo el país pueden ser las administradoras de las redes actuales, que vayan sufriendo una progresiva metamorfosis, por instalaciones domésticas y en predios públicos o privados pequeños, que participen de esas redes ya no solo como consumidores sino también como productores. Se trata de tomar la decisión de promover el cambio con asistencia técnica y financiera para los actores.

OTROS ACTORES HOY EXISTENTES: La producción popular de energía renovable no requiere el cambio de titularidad de ningún segmento de la cadena. Los actores actuales, sean concesionarios de producción de petróleo y gas; centrales eléctricas; distribuidoras de energía, deben ser encuadrados por el Estado en un sistema que admita como participantes plenos, con todos los derechos inherentes a una democracia económica, a los integrantes de las redes de producción popular.

ANTECEDENTES MUNDIALES: Hay una larga y positiva historia de la participación de la energía renovable eólica o solar en la matriz energética de los países más desarrollados del mundo. Como se señaló, después de medio siglo, el perfil en cada país está altamente relacionado con el poder que las corporaciones tienen para definir la política nacional en el tema.

En Estados Unidos, ambos sistemas han crecido enormemente y también lo ha hecho la industria de la acumulación de energía. La participación popular en este proceso, sin embargo, ha sido escasa o nula, tomando la delantera las corporaciones vinculadas a la energía, que han tomado el aspecto renovable como una división de su trabajo.

En Alemania, Dinamarca, España, como países líderes de Europa en la cuestión, la participación ciudadana fue un componente integrado desde los primeros momentos. España, en particular, sirve de laboratorio para mostrar el grado de reversibilidad de una iniciativa participativa cuando se produce un cambio de signo del gobierno –como el actual– que busca beneficiar centralmente a las corporaciones.

En otros países que se han mantenido más al margen de las políticas públicas de promoción, como Inglaterra, es la presión comunitaria la que hace que los sistemas renovables se vayan diseminando.

LECTURAS COMPLEMENTARIAS:

· https://ens.dk/sites/ens.dk/files/Globalcooperation/the_danish_energy_model.pdf El modelo danés para la energía.

· http://www.wwf.se/source.php/1409709/Energy%20Scenario%20for%20Sweden %202050_bakgrundsrapport%20IVL_sep%202011.pdf El modelo sueco para 2050.

· http://www.dne.gub.uy/documents/112315/1917292/Informe-de-energ%C3%ADas -renovables-Abr-20131.pdf El modelo uruguayo.

–
PRODUCCIÓN POPULAR DE VIVIENDA

SITUACIÓN ACTUAL: El derecho a la vivienda, como tantos otros derechos fundamentales,ha quedado subordinado a las reglas del mercado definidas por el capitalismo.

Un bien escaso, como es la tierra urbana, se convierte en un espacio apetecible para lucrar. A partir de ese primer eslabón la construcción y la intermediación comercial se constituyen en ámbitos adicionales y acumulativos para obtener beneficios a partir de una demanda que excede a la oferta.

En tal escenario, la vivienda es un producto alejado de las posibilidades populares. Quien accede a un crédito hipotecario estará pagando una serie de ganancias especulativas en cadena, con el esfuerzo de décadas de su trabajo.

ACCIONES INSTITUCIONALES PASADAS Y PRESENTES: Con variado grado de explicitación, todos los gobiernos –de cualquier signo político– han aceptado que el acceso a una vivienda es una aspiración y un derecho a tener en cuenta.

El neoliberalismo, con una inclinación persistente hacia el discurso economicista, asigna a la construcción un papel relevante en la inversión y por lo tanto en el crecimiento económico y por lo tanto, le interesa una evolución positiva. Por supuesto no imagina interferir en la inercia del mercado. Su herramienta promotora central y excluyente son las líneas de crédito a mediano plazo, que los bancos implementan con variadas formas de indexación. No es exagerado afirmar que por estos caminos, quien compra una vivienda es porque se suma a la fracción ciudadana que puede pensar la vivienda como un negocio.

El Estado de bienestar, a su turno, tampoco interfiere en la inercia especulativa. Su participación pasa por absorber costos financieros, para permitir que aumente la oferta con posibilidad de acceder a los distorsionados valores vigentes. En paralelo, avanza con las llamadas viviendas sociales, que se entregan a cambio de pagos muy reducidos y con subsidios implícitos altos. Estas iniciativas se pueden ejecutar en número siempre escaso, porque las necesidades globales de inversión son muy altas y a consecuencia de su insuficiencia aparecen todo tipo de presiones políticas sobre los criterios de distribución que, lamentablemente, crean confusión sobre la equidad de los programas.

ACTORES DE LA TRANSFORMACIÓN: En este caso, los principios de la democracia económica son de aplicación directa y rotunda. Si los ciudadanos cuentan con acceso a la tierra y a una financiación adecuada, la vivienda se convertirá en prioridad de atención e inversión de millones de personas, por razones de subsistencia elementales, abonadas por un legítimo patrón cultural, que valora la seguridad emergente de contar con un patrimonio básico.

En un país como Argentina, con algo más de 42.000.000 de habitantes en 2017, se necesita disponer de unas 80.000 hectáreas urbanizadas en todo el país, para suplir el déficit de viviendas con construcciones unifamiliares. Es una cifra enteramente irrelevante, si no fuera porque la expansión de la tierra urbana se produce desde hace más de un siglo bajo una lógica especulativa, donde la mirada estratégica de comprar tierra agrícola en la periferia de las ciudades es responsabilidad de pequeños grupos de empresarios concentrados en esa actividad, que en concreto bloquean el acceso a la tierra de los más necesitados.

Un Estado Transformador cuenta a su favor con el hecho que los precios de la tierra agrícola evolucionan según criterios distintos de la tierra urbana y justamente por eso es un negocio habitual comprar la primera para transformarla en la segunda. Ese negocio debe desaparecer progresivamente, en la medida que el Estado asuma la tarea como un servicio, urbanizando tierra al costo y poniéndola a disposición de los habitantes en cuotas accesibles. A partir de esa posibilidad los ciudadanos hacen el resto, avanzando en la construcción de sus viviendas a velocidad variable, función de su capacidad de invertir, la cual por supuesto puede acelerarse disponiendo de crédito adecuado, que esta vez no serviría para pagar ningún componente de lucro especulativo.

En los grandes centros urbanos es posible la implementación de esquemas que ya tienen vigencia en el mundo central, como los fideicomisos de vivienda social. De manera resumida: se trata de comprar un predio o un edificio a acondicionar y convertirlo en un bien colectivo, propiedad de un fideicomiso, lo cual lo retira del mercado. Quienes participan de la propiedad de lo que allí se construye, pagan su vivienda con cuotas que son proporción fija de sus ingresos y solo pueden venderlas en las mismas condiciones. De tal modo, la vivienda recupera el sentido básico de atender una necesidad, se accede a ella con un esfuerzo pautado y se renuncia a buscar beneficios especulativos de ese patrimonio.

OTROS ACTORES HOY EXISTENTES: Aquellos componentes actuales del sistema, que ingresaron a él sobre la base de tener un negocio, serán legítimamente desplazados en la medida que las soluciones de producción popular sean implementadas. Un principio básico de un Estado transformador –como ya se señaló– es evitar que algún ciudadano lucre con la necesidad de otro.

ANTECEDENTES MUNDIALES: El mundo central tiene instalada culturalmente la idea que se accede a la propiedad de una vivienda por créditos hipotecarios a muy largo plazo con intereses muy bajos, posibilitados por la inflación baja. Eso, en realidad, no significa que no se repitan allí los esquemas especulativos producto de mercados con oferta menor que la demanda. Solo significa que existe la financiación como válvula de escape.

Quienes han tomado conciencia que la vivienda no debe ser un negocio se organizaron en cooperativas de autoconstrucción desde hace mucho tiempo, cuando la tierra urbanizable no era escasa. A medida que la población creció fueron tomando forma los mecanismos de creación de fondos comunes para sustraer a la vivienda del mercado y poder disponer de ellas con otros criterios, como se acaba de exponer más arriba.

En este momento los Community Land Trust (CLT) son figura jurídica y práctica corriente en los países escandinavos, en Gran Bretaña, en varios estados norteamericanos, como expresión de un atributo a tener muy en cuenta en el mundo periférico: la existencia de grupos de ciudadanos que optan por una relación con el dinero y en términos generales con los valores del capitalismo, que no depende del grado de inclusión exitosa que puedan haber tenido en el sistema, sino de la construcción de otro imaginario de vida colectiva.

LECTURAS COMPLEMENTARIAS:
. http://community-wealth.org/sites/clone.community-wealth.org/files/downloads/report-zonta.pdf Concepto del CLT en Estados Unidos.
. http://researchbriefings.parliament.uk/ResearchBriefing/Summary/SN04903

—
PRODUCCIÓN POPULAR DE INFRAESTRUCTURA COMUNITARIA

ÁMBITO: Todos aquellos bienes o servicios que mejoran y mantienen los espacios comunitarios.

La energía es uno de ellos pero se eligió tratarlo por separado, debido a la larga historia de ubicar a los ciudadanos en el papel de consumidores, sin imaginarlos como productores. La infraestructura comunitaria, por lo demás, abarca desde las calles o veredas, a la provisión de agua, el tratamiento de efluentes, la iluminación pública, el transporte colectivo, la construcción y mantenimiento de los centros educativos o centros sanitarios de primera atención, hasta los sistemas de comunicación que estén al alcance de la administración común.

Hasta mediados del siglo 20, buena parte de esas cuestiones eran asumidas por cada comunidad como tareas a resolver desde ellas mismas. Claramente, eso era producto que no se visualizaba al Estado como el responsable de concebir y ejecutar las mejoras de infraestructura. Toda la etapa de acelerada urbanización de la posguerra tuvo esa impronta. Los barrios se organizaron para atender las necesidades primarias y a medida que esa organización tomó fuerza, interpeló a los gobiernos para que proveyeran los recursos económicos necesarios.

Con las particularidades propias de cada país y cada región, hay un patrón de evolución a lo largo de esta secuencia:

- Organización social para atender las necesidades al alcance local y demandar recursos públicos.

- En la medida que el Estado asume responsabilidades y que la densidad de población crece, la comunidad reduce sus iniciativas autónomas y aumenta sus reclamos.

- Cuando La dimensión de la infraestructura a atender va cobrando volumen, aparecen los intereses privados, que convierten el servicio en negocio y a la comunidad la transforman de involucrados directos en consumidores pasivos.

Hay múltiples ejemplos que se pueden exponer y analizar en su evolución. Tal vez el más fácil de fijar, por su inserción en la memoria ciudadana, es el del transporte automotor colectivo.

Nació como solución popular, con vehículos modestos cuyos propietarios eran habitantes comunes de cada barrio.

Creció como cooperativas, que se transformaron luego en empresas con vínculos con el aparato estatal que distribuye subsidios, con una sistemática reducción de la proporción de conductores dueños de su vehículo.

Al estabilizarse un sistema atendido por grandes líneas, aparecieron colateralmente los pequeños vehículos, que reproducen la historia de los comienzos, pero que esta vez tienen como clientes a los sectores pudientes de cada lugar, dejando a pie a los habitantes más humildes.

El resultado global está claro: concentración de ingresos en grupos empresarios cada día más poderosos, con su contracara de pérdida de derechos y de calidad de vida de quienes viajan.

Esta secuencia simple y verificable históricamente en todas las grandes aglomeraciones urbanas da por resultado un uso ineficiente –en ocasiones groseramente ineficiente– de los recursos públicos y una mala atención de las necesidades comunitarias, que estudios de detalle podrían demostrar con facilidad, deriva por varios senderos en el deterioro de la calidad de vida.

EL CAMINO A RECORRER: Si se asume y respeta la democracia económica y la producción popular, la tarea es clara. Se debe revertir la secuencia antes anotada, aumentando sustancialmente el protagonismo de la comunidad, pero esta vez con la convicción plena del Estado en cuanto a que ese es el mejor tránsito.

Se construirá así la subjetividad social en una dirección de mayor adhesión comunitaria; se ahorrarán recursos importantes; se incentivará la búsqueda de tecnologías apropiadas para la escala adecuada, lo cual permitirá dar solución a temas como el del mantenimiento de caminos rurales, el tratamiento de efluentes domiciliarios, la iluminación pública, cuyas soluciones han quedado paradojalmente limitadas a aquellas formas en que las grandes empresas pueden hacer mejores negocios.

Es posible y necesario avanzar desde la atención de las necesidades cuya falta de atención es más notoria, construyendo círculos populares responsables de su solución, con recursos y supervisión pública, iniciando así un proceso de reversión de una cultura de mercantilización del espacio común, daño no menor que forma parte del menú de agresiones del capitalismo a los ciudadanos.

No es un tema nuevo ni ignorado. Es un tema pendiente y en el que hasta ahora los que creemos en la democracia económica hemos sido derrotados. La Constitución de la Ciudad Autónoma de Buenos Aires, aprobada en 1994, por caso, aprobó la creación de comunas, para acercar a los ciudadanos a la administración directa de su infraestructura. Más de dos décadas después de eso, ningún espacio político ha mostrado mayor entusiasmo por aprobar una reglamentación más ejecutiva que la precaria vigente y por volcar fondos a manos populares para resolver mejor y con más compromiso los problemas.

La democracia delegativa –por oposición a la democracia participativa– fue formalmente incorporada a la Constitución Nacional de 1853 y desde entonces la tendencia a transferir a la dirigencia política derechos que en esencia son de todos, ha sido sistemática. Esta malsana transferencia no solo tiene que ver con los grandes manejos de la economía, sino que al convertirse en un atributo cultural, se ha diseminado en cada detalle de la vida cotidiana. Es desde este plano –el de la vida cotidiana– que se comienza a revertir la situación.

—
PRODUCCIÓN POPULAR DE SERVICIOS COMUNITARIOS Y PERSONALES

Este apartado busca entender por qué y cómo la educación, la atención de la salud, la recreación, el deporte y las manifestaciones culturales de todo tipo, forman parte de un escenario donde la producción popular –en lugar de los negocios– debe tener un papel protagónico central.

Me apresuro a señalar que cada uno de los tópicos mencionados deberá ser motivo de volúmenes específicos, por la densidad y complejidad de los cambios necesarios para que sean actividades funcionales a una sociedad más justa.

Reformular un sistema educativo al que el neoliberalismo considera una carga presupuestaria y por ende toma todas las iniciativas que la sociedad le permite para llevarlo hacia una gestión privada, es una cuestión decisiva para aspirar a vivir en una democracia económica. Una escuela que jerarquice la libertad en los términos adecuados, lo cual implica rechazar la libertad de explotar a otro, está lejos de la actual, plagada de jerarquías que reproducen mansamente el sistema capitalista y vacía del pensamiento solidario.

Las escuelas cooperativas, las experiencias de la llamada enseñanza popular, deben ser revisadas, respetadas y consideradas parte de la semilla necesaria para un nuevo contexto comunitario.

Lo mismo sucede con la atención de la salud, que el capitalismo admitió hace tiempo como un ámbito donde los negocios podían tener presencia, concepto que el neoliberalismo se encargó de priorizar. Los intereses económicos metidos en el sistema han volteado gobiernos, en Argentina y en otras partes del mundo. En más de un siglo, sin embargo, no han conseguido más que cómplices, sin lograr definir un sistema que sirva al conjunto de los ciudadanos. La producción popular de salud debe ser un espacio que potencie la experiencia y capacidad de los laboratorios públicos de medicamentos; la gestión con fuerte participación comunitaria de los hospitales; una red de atención primaria donde, otra vez, se integre a la comunidad.

El deporte, la recreación, las actividades culturales, son espacios de encuentro comunitario por definición. Los modelos en que los ciudadanos escapen del papel de clientes o consumidores en que el capitalismo los ha colocado, deben aparecer desde el propio seno de la comunidad.

Los deportes profesionalizados o l@s prodigios televisivos, como faro guía de salvación de las familias capaces de incubar un crack o una estrella pop, son una evidencia más de la enfermedad del sistema, que toma tantas formas como facetas tiene la vida en sociedad. Se trata de un espacio riquísimo para el análisis y la discusión de variantes, que devuelvan a estos espacios la alegría que en buena medida han perdido.

Los desarrollos operativos de los temas de este capítulo quedaron fuera del alcance de un encuadre que se aproximó más desde la mirada económica que desde la cultural, por limitaciones propias y además por considerar que hay una subordinación al tótem del lucro, que tiene efecto en muchos más planos de los que percibimos habitualmente.

Se convocará a especialistas que asuman la democracia económica como una meta a perseguir, para que profundicen cada una de estas cuestiones.

EXPERIENCIAS

—
**UN MUNDO
DE NUEVOS
CAMINOS**

Si bien no forman parte de la agenda habitual de los medios, hay innumerables ejemplos en todo el mundo encaminados a ampliar los derechos económicos de los trabajadores, atender necesidades sociales, modificar la mirada unidireccional de la economía y demostrar que la ganancia no es el único elemento que mueve las relaciones sociales. Dejamos aquí algunos pocos ejemplos de los cientos que están sucediendo en distintos países:

MÁS CERCA ES MÁS JUSTO (ARGENTINA):

Un proyecto de distribución de alimentos con precios justos para los productores, impulsado por el Instituto para la Producción Popular (IPP) de manera autogestionada. Acerca a pequeños productores de todo el país directamente a los consumidores, sin intermediarios, para evitar la explotación que sufren los productores en la cadena de valor. Funciona en el conurbano bonaerense y la Ciudad de Buenos Aires desde marzo de 2016. Cuenta con 80 centros de distribución, que surgen de la comunidad (centros vecinales, organizaciones sociales, clubes, locales partidarios, dietéticas). Más Cerca es Más Justo busca unir esfuerzos con otras experiencias similares y difundir su trabajo en toda la Argentina.

DESARROLLO POPULAR DE PANELES SOLARES (YEMEN): La inestable situación política de Yemen desde 2012 dejó al 60% de su población sin suministro eléctrico adecuado. Comenzó a desarrollarse el uso popular de energía solar mediante pequeños paneles. Un grupo de chicas de entre 13 y 15 años de un colegio secundario ideó soluciones de bajo costo para su comunidad y mantiene una pequeña empresa de unidades fabricadas para sus vecinos.

PRODUCCIÓN POPULAR DE CARNE DE CABRAS PARA EXPORTACIÓN (ARGENTINA):

En el departamento de Lavalle, Mendoza, un grupo de campesinos de la Unión de Trabajadores Rurales Sin Tierras (UST) organizó un sistema de recolección de cabras viejas en la región cordillerana para faenarlas y enviarlas a Medio Oriente. El grupo supervisa todo el proceso, que constituye un interesante ejemplo de producción popular.

PANADERÍAS COOPERATIVAS EN SAN FRANCISCO (EEUU):

En la Bahía de San Francisco funcionan seis panaderías cooperativas bajo la premisa: «Democratizar los lugares de trabajo». Los impulsores de la idea capacitan y ayudan en el manejo de panaderías a nuevos grupos de trabajadores que quieren replicar la experiencia.

EL GOBIERNO MUNICIPAL Y LA COMUNIDAD DE CÁDIZ DECIDEN TENER SOLO ENERGÍAS RENOVABLES (ESPAÑA): Como la principal distribuidora de energía pertenece en un 51% al municipio y las decisiones sobre política energética local deben ser tomadas en asambleas con vecinos, Cadiz logró convertirse en la primera ciudad española con electricidad ciento por ciento renovable.

EL USO DE RUECAS ELECTRÓNICAS MODIFICA LA VIDA DE UNA COMUNIDAD DE COCHABAMBA (BOLIVIA): En el poblado montañoso de Cocapata, las artesanas se organizaron para mejorar su producción de hilados, que exportan a Europa gracias a un implemento creado por un técnico argentino del INTI. Un ejemplo de acceso a la tecnología en la producción popular.

UNA ESCUELA PÚBLICA DE CHUBUT FABRICA AEROGENERADORES PARA

HOGARES DE SU COMUNIDAD SIN LUZ ELÉCTRICA (ARGENTINA): En Cholila, un secundario agrotécnico puso en marcha este programa de fabricación de una turbina eólica, con la ayuda del ingeniero escocés que la diseñó.

UNA EDUCACIÓN DIFERENTE EN MICHOACÁN (MÉXICO): En ese estado mexicano, los gremios docentes, los padres y los estudiantes ayudaron a organizar programas educativos alternativos basados en las necesidades comunitarias.

LA EX UNILEVER DE MARSELLA ES AUTO GESTIONADA POR SUS TRABAJADORES (FRANCIA): Desde 2010, los 180 ex empleados de la firma Unilever, que decidió cerrar su producción en Marsella, lograron que la justicia les reconozca el derecho a seguir produciendo tés e infusiones en la misma planta de la multinacional.

CONSTRUCCIÓN POPULAR DE TURBINAS EÓLICAS EN COPENHAGUE (DINAMARCA): En la década de 1990, el alto costo de las instalaciones eólicas generó un movimiento de vecinos que formaron cooperativas para fabricar sus propias turbinas, con apoyo del municipio. La asociación de estas cooperativas ha sido fundamental para presionar a la gestión administrativa y modificar la estructura energética.

UNA ORGANIZACIÓN REGIONAL RECOPILA EXPERIENCIAS DE ACCESO A LA TIERRA EN 12 PAÍSES SUDAMERICANOS PARA IMPULSAR SOLUCIONES POLÍTICAS COMUNES (BOLIVIA): El Movimiento Regional por la Tierra y el Territorio, con base en Bolivia, está organizando una recopilación regional de mil historias de poblaciones indígenas, campesinas y afrodescendientes sudamericanos; con la idea de analizar una nueva agenda pública a partir de profundizar en el conocimiento de los factores comunes de la lucha por la tierra. ·

LOS PORTUGUESES ELIGEN HUERTAS COMUNITARIAS, APOYO A LA AGRICULTURA FAMILIAR Y FOMENTO DE FERIAS DE PEQUEÑOS PRODUCTORES EN SU PRIMER PRESUPUESTO PARTICIPATIVO NACIONAL (PORTUGAL): Esas son las prioridades que aparecieron en el primer país del mundo que tiene un presupuesto participativo a nivel nacional.

Para ampliar la información de estos casos y conocer una larga lista de experiencias de producción popular y democracia económica, los invitamos a recorrer el sitio web www.laredpopular.org.ar , creado por el Instituto para la Producción Popular.

—
EL CAPITALISMO Y LA DEMOCRACIA ECONÓMICA

CAPÍTULO 9

Este capítulo servirá de aclaración final de algunos conceptos, que pudieran quedar oscuros a consecuencia que nuestra propuesta no tiene el carácter de otras miradas históricas, que hacen un planteo jerárquico duro, condicionando todo cambio a la acumulación de poder político que permita acceder a la conducción del Estado y desde allí operar sobre la estructura productiva y la subjetividad de los ciudadanos.

Esa secuencia no es la que imaginamos. No lo es por dos razones:

A. Creemos que el sistema capitalista ha condicionado de tal manera a la dirigencia política que ha naturalizado la democracia delegativa, en lugar de una auténtica democracia representativa, al punto tal que las campañas electorales son ya meras campañas de marketing, que dejan afuera siquiera indicios de cuáles son los proyectos estratégicos detrás de los cuales se ha de gobernar.
No parece de ninguna manera suficiente garantía para transformar un país, la repentina toma de conciencia de dirigentes que han pasado más de una generación considerando a la población como clientes, más que como sus mandantes.

B. El deterioro de las perspectivas positivas, que ya el capitalismo no está en condiciones de despertar, queda a la vista de los ciudadanos comunes. No se necesita dirigentes políticos para descubrirlo. Eso induce la posibilidad –que se está dando en todo el mundo– que se generen soluciones desde la base social y que algunas se implementen y otras se utilicen para interpelar a los gobiernos, lo cual ayuda a cambiar el Estado a través de la intervención de nuevos actores, menos contaminados que la dirigencia tradicional.

Por tales motivos nuestra predicción es que un futuro distinto y mejor se construirá por cambio simultáneo e iterativo de los tres vértices del triángulo, hasta consolidar la democracia económica y la producción popular, administradas por un estado transformador.

Eso implica que durante más tiempo que lo que podemos imaginar a escala de una generación, el capitalismo y sus valores coexistirán con la democracia económica y los propios.

¿Cómo será eso y cómo evitar escenarios reversibles?

Un Estado Transformador deberá concentrar su acción en consolidar la producción popular en todos los ámbitos esbozados en el capítulo anterior, que representan más de la mitad del producto bruto de un país.

En paralelo, sin embargo, deberá cuidar los avances ya concretados de democracia económica y agregar y fortalecer todos los aspectos posibles de ella, para condicionar a las corporaciones en nuevos marcos legales, que acoten varios derechos; para el uso de divisas; para definir la relación salarial con sus dependientes, además de los precios de sus productos.

Decir que la batalla final se concretará en el plano de los valores sociales puede parecer una fuga hacia planos abstractos, pero la diseminación de unidades de producción popular que emerjan de la sociedad y el progresivo acceso al gobierno de dirigentes políticos convencidos y coherentes alrededor de este proyecto, no se conseguirá por caminos solo racionales o de especulación sobre el apoyo manipulado de fuerzas sociales. Dependerá de una doble convicción: la imposibilidad de variantes efectivas del Estado de Bienestar y la factibilidad de llegar a una vida mejor compartida atendiendo necesidades comunitarias por encima del lucro.

Se trata nada más y nada menos que levantar la bandera de la libertad de los ciudadanos, limitada solo por una libertad equivalente de los demás, sin el bastardeo de proclamar la libertad de los poderosos para perjudicar a los más débiles.

En consecuencia, al cuestionamiento que parece inocente, pero es resignado, que admite la producción popular en la producción de alimentos pero la ve imposible en la industria pesada o en los automóviles, por caso, y con esa descalifica la producción popular como un hecho marginal, hay que recordarle que la pelea central es por **derechos reales y concretos,** que permitan optar por vivir dentro del sistema cuyo fracaso se conoce o construir algo diferente y superior.

La salud privada, la educación comercial, los servicios públicos que son monopolio natural, tendrán la posibilidad de un progresivo tránsito hacia formas de prestación donde el negocio sea un concepto inexistente.

Las corporaciones de manufactura de bienes complejos, donde la presencia de unidades de producción popular sean menos imaginables, podrán ver aparecer como competencia a proyectos público privados, donde el Estado se asocie a una multitud de inversores pequeños ciudadanos, motivados por un doble interés: su mejora patrimonial y la participación en la argentinización de un sector industrial.

Es imposible desarrollar en toda faceta posible los escenarios teóricos de yuxtaposición de un capitalismo residual con la democracia económica. Solo se puede y debe reiterar que esta vez no se trata de cambiar la propiedad de medios de producción que luego seguirían operando con las mismas estructuras de poder. Tampoco se trata de controlar a un poder económico desde un poder político que termina siendo una fantasía con fuerza, solo para los funcionarios.

La falta de antecedentes del camino a recorrer se puede mirar como una debilidad. Tal vez, con humildad extrema, deberíamos admitir que allí hay una fortaleza, porque lo ya trillado no es siquiera imitable.

—
EL NUEVO LUMUMBA ¿DEMOCRACIA ECONÓMICA EN MISSISSIPPI?

La prensa conservadora lo considera un político de «extrema izquierda», los empresarios creen que es una amenaza y él juega con esos temores llamando en sus discursos a «liberar la tierra» y convertir a Jackson, la capital del estado de Mississippi, en «la ciudad más radical del planeta». Pero el flamante alcalde Chokwe Antar Lumumba, no es un marxista ni un delirante que busca sus cinco minutos de fama. Apoyado por el 93% de su electorado, Lumumba tiene un minucioso plan de justicia social y democracia económica que plantea un interesante reto al pensamiento único que impuso hace varias décadas el establishment norteamericano.

La historia de Jackson, Mississippi, tiene puntos en común con la historia de muchos pueblos subdesarrollados. La pobreza, el desempleo, la persecución de los activistas que intentaron cambiar esa situación. Desde el 3 de julio de 2017, tiene un joven alcalde demócrata, de 36 años, que busca partir desde esa realidad hacia una nueva economía participativa en la que los derechos de los trabajadores estén por encima de los negocios de las corporaciones ¿Podrá lograrlo en una ciudad sureña de 180 mil habitantes ubicada en una de las regiones más pobres de los Estados Unidos?

Chokwe Antar Lumumba heredó de su padre dos cosas que marcaron su vida: un nombre extraño y la vocación por ser alcalde de Jackson. Lumumba padre decidió en 1969 cambiar su identidad porque consideraba que la que tenía era la herencia de un esclavista. Eligió llamarse Chokwe por una aldea de Angola que resistió la llegada de los reclutadores de esclavos y Lumumba por el líder independentista del Congo belga, que fuera asesinado en 1961.

El padre del actual alcalde de Jackson, un reconocido activista por los derechos de los negros que creó una organización política inspirada en las ideas de Malcom x, también fue electo en ese cargo. Pero murió inesperadamente en febrero de 2014, a los 66 años, cuando sólo había cumplido siete meses de mandato. Su hijo homónimo intentó sucederlo, pero perdió las elecciones y tuvo que esperar hasta este año para continuar el legado de su padre. Lo acompañó el 93% del electorado.

La Plataforma del Pueblo –con la que Chokwe Lumumba hizo campaña– promete una política que contempla la democracia económica, apoyándose en el desarrollo de posibilidades comunitarias. En su opinión, «no se puede hablar de defensa de los derechos humanos si no se defienden los derechos de los trabajadores». Con ese concepto, el alcalde de Jackson entreví la posibilidad de una política que supere el ámbito municipal y que propone como un ensayo para un cambio a nivel nacional y mundial.

«Ganamos con una plataforma popular, desde un primer momento le dijimos a la gente que tenemos una agenda de justicia social, de democracia económica, trabajando juntos», reafirma Chokwe Lumumba. Y va más allá para definir exactamente qué cambio busca: «Ya no permitiremos que un individuo se ponga delante de nosotros y nos diga todas las grandes cosas que va a lograr en nuestro nombre, sólo para encontrar que nada en su pasado demuestra una sinceridad, una voluntad o una capacidad para hacerlo. Lo que debemos hacer en Jackson, Mississippi, en DC, en Maryland, en Gary, Indiana, en Chicago, Illinois, es empezar a redactar una agenda para nosotros mismos, crear esa agenda».

Esas ideas repiten la línea de ruptura con el neoliberalismo que había tenido su padre, quien llegó a postular la necesidad de organizar intercambios económicos solidarios entre municipios, estados e incluso organismos internacionales como el ALBA, que lideró Hugo

Chávez. No es casual que los medios hayan catalogado a Lumumba padre como «el alcalde más revolucionario de los Estados Unidos», un título que Chokwe Antar Lumumba parece destinado a heredar.

«Si podemos cambiar las cosas en Mississippi, entonces la esperanza es que podamos servir como un modelo para el resto del mundo. Creemos que el cambio tiene que ocurrir donde es más improbable, donde las personas viven con las peores condiciones. No se trata de esperar que venga un hombre fuerte a solucionar las cosas, nosotros creemos que lo que hace falta es que los pueblos sean fuertes», sostiene el alcalde de Jackson.

El joven Lumumba no ahorra críticas a las políticas que defienden los partidos tradicionales. «Cuando me preguntan cómo me sentí después de las elecciones de noviembre, les digo que me desperté en Mississippi. No importa si Barack Obama, Donald Trump, George Bush o Bill Clinton están en el cargo, siempre hemos estado en el fondo. Es un lugar olvidado. El Partido Republicano ha tomado Mississippi por sentado. El Partido Demócrata ha abandonado Mississippi. Creo que podremos borrar las lealtades ciegas a los partidos tradicionales cuando podamos demostrar que alguien se preocupa por ellas, tratando con sus preocupaciones cotidianas».

¿Cómo piensa Chokwe Lumumba lograr la democracia económica? En su plataforma política hay una serie de iniciativas productivas que ayudan a entender cuál es el camino que propone. Ese plan está resumido en cinco puntos básicos:

• Construir una red de cooperativas y empresas que se refuercen mutuamente, específicamente cooperativas de trabajadores, de consumo y de vivienda, y cooperativas de crédito para el desarrollo comunitario como fundamento de una Economía Solidaria local

• Creación de redes y empresas de desarrollo y economía verde sustentables, comenzando con una iniciativa de vivienda ecológica

• Construir una red de granjas urbanas locales, cooperativas agrícolas regionales y mercados de agricultores. Replicando experiencias recientes en Detroit, con el objetivo de alcanzar la soberanía alimentaria y combatir la obesidad mediante alimentos sanos.

• Desarrollar la comunidad local y los fideicomisos como medio primario para iniciar el proceso de reconstrucción de los espacios comunes en la ciudad y en la región mediante la desclasificación de tierras y viviendas.

• Organizar la reconstrucción y ampliación del Sector Público, en particular de las finanzas públicas para el desarrollo comunitario, como medio de reconstruir el Sector Público y asegurar que exista infraestructura adecuada para proporcionar atención de salud de calidad, transporte de masas accesible y vivienda pública decente y asequible.

¿Podrá este alcalde rebelde llevar adelante estas ideas? Una columna de opinión publicada en el sitio web *Peoples World* por Lowell B. Denny, un activista que apoya las ideas de Lumumba, plantea algunas dudas: «Nuestras democracias no son lo que nos dicen los encargados de relaciones públicas. Pocos alcaldes tienen poder real, y desde la década de 1970, a medida que más negros han ganado alcaldías, el establishment ha logrado trasladar los poderes locales a condados, estados e incluso a cuerpos no elegidos. San Luis, por ejemplo, tiene una organización llamada Progreso Cívico, que no es cívica ni progresista. Es una fachada de las corporaciones de la región que se aseguran de que la ciudad se mantenga en el camino correcto a favor de los negocios».

Denny se esperanza de todos modos: «Dejando a un lado cualquier pesimismo que se pueda tener sobre nuestro sistema 'democrático', la elección del Lumumba más joven es un llamado a la acción. Muchas acciones. Los Chokwe resistieron ferozmente la esclavitud europea. Los trabajadores y las comunidades blancas, negras, asiáticas y de las islas del Pacífico deben convertirse en 'Chokwe'. Debemos resistir los principios fundamentales del capitalismo, la esclavitud asalariada, el racismo, nuestro sistema de ganancias basado en que 'el cielo es el límite', la acumulación obscena de riqueza privada, y un tipo de ciudadanía de segunda para tantos grupos marginados».

PARA MÁS INFORMACIÓN SOBRE ESTE TEMA:
· http://inthesetimes.com/article/20100/jackson-mississippi-radical-mayoral-candidate-chokwe-lumumba
· http://www.cooperationjackson.org/blog/2015/4/12/a-revolution-of-ideas-economic-democracy-and-jackson-mayor-chokwe-lumumbas-legacy-one-year-later

EPÍLOGO EXTENDIDO

El liberalismo era una ideología que confrontaba con visiones más colectivistas y socialistas del mundo.

El Estado de bienestar organizado hace casi 100 años en Estados Unidos, sin que ese fuera el intento fundacional en términos cronológicos, pero si tal vez el más notorio en el mundo por la influencia que tuvo el New Deal en la historia del mundo contemporáneo, puede ser considerado como un intento por salvar los principios de la economía liberal. Eso se hizo provocando una mutación, que incorporaba un sistema de regulaciones, para permitir a todos los actores productivos, comerciales o financieros participar con mayor igualdad de oportunidades.

El neoliberalismo, al cual a veces apresuradamente le quitamos el prefijo y lo llamamos liberalismo a secas, es otra cosa. Es una ideología camuflada con el discurso del liberalismo –porque formalmente exalta la libertad como atributo no negociable–, pero construida a partir de una realidad mundial donde las grandes corporaciones productivas y especialmente las grandes corporaciones financieras ya ejercen una hegemonía tan agobiante que reclamar la reducción de la injerencia del Estado se constituye en una suerte de burla, que casi llega a otorgar derecho de los ganadores a apropiarse de la sangre de sus vencidos. Ese travestismo inevitable lleva a mentir y manipular a la población, a inducirla a optar por escenarios claramente contrarios a sus intereses, como nunca antes en la historia.

Desde hace 50 años los modelos en pugna son el neoliberalismo, con su discurso sistemáticamente diferente a su acción, enfrentado a variantes del Estado de bienestar, que a diferencia del caso norteamericano del siglo pasado, se construyen como resistencia a experiencias neoliberales que han ganado enorme fuerza en el mundo, al punto que llegan a ser capaces de fracasar, asignar su fracaso a responsabilidades ajenas y volver a la carga.

El intento de Franklin D. Roosevelt era corregir la economía liberal, para validarla. Los modernos Estados de bienestar están frente a un desafío diferente, que deberíamos ya hoy considerar insalvable: volver a poner en marcha los sistemas económicos después de los fraudes neoliberales, pero en buena medida manteniendo la hegemonía financiera y productiva en manos de los mismos que generaron los problemas, con la aspiración de controlar sus acciones desde el Estado y así evitar la repetición de perjuicios masivos.

El capitalismo global ha demostrado en estos años que la controversia conceptual es dura y categórica: Los ganadores del sistema cada vez concentran más poder y generan más pobreza colateral. A la vez, cuentan cada vez con más formas de eludir los controles, lo cual incluye la compra de los controladores.

Ese dilema tiene una solución única: superar al capitalismo. Esta afirmación, por supuesto, nada significa en esos términos elementales. Nuestra búsqueda de sentido profundo nos ha

permitido dar cuerpo al intento, a través de caracterizar la democracia económica, donde toma un rol protagónico la producción popular, con la administración pública a cargo de un Estado transformador. Nos ha permitido, como idea básica, volver a conceptualizar la libertad de las personas, en la dimensión debida, rechazando la posibilidad que el trabajo sea una mercancía y estableciendo nuevos derechos económicos que alguna vez tuvieron vigencia práctica y que el neoliberalismo hoy bloquea, destruye, combate.

¿De qué depende acercarse al nuevo escenario?

De un camino iterativo que nos lleve del actual triángulo determinado por la estructura productiva, que define la forma del

Estado neoliberal y nuestra subjetividad, a un nuevo triángulo de fuerte interacción entre el Estado, la democracia económica y la producción popular.

Tal camino iterativo se configura simultáneamente desde los tres vértices del triángulo a transformar.

Es necesario acceder al poder administrador para cambiar el sentido mismo del estado. Pero a la vez y en paralelo, es posible y necesario dar forma a iniciativas de producción popular en varios campos, logradas por articulación de una nueva subjetividad colectiva, que valore en la justa jerarquía el cambio a conseguir. También desde esa nueva subjetividad es posible y necesario construir el andamiaje permanente que lleve a convertir en legislación de fondo todos los componentes de la democracia económica.

Tema a tema, escenario por escenario, en todos los campos posibles, que son todos los imaginables.

Lo antedicho, súper sintetiza el marco general, pero en este mismo instante, cada lector está siendo interpelado por este texto en un plano específico, el de su subjetividad íntima y personal. Para que esta interpelación sea exitosa y se consiga el derecho a que todo lo presentado en este documento sea revisado, reflexionado y ojalá asumido, hace falta admitir que algunas cosas no las hemos venido haciendo o pensando bien.

El peronismo fue un proyecto transformador en el gobierno y mientras Perón vivió. La actualización política y doctrinaria reclamada como necesaria por su fundador nunca se concretó y más de 40 años después de la muerte de Perón seguimos debatiendo sobre interpretaciones de sus actos o del papel de personas que pensaron e hicieron en un mundo que cambió sustancialmente en muchos aspectos.

Ni que decir de quienes abrevan en el marxismo, que siguen citando a Marx como si estuviera escribiendo en la pieza de al lado, sin capacidad de explicar el fracaso de la Unión Soviética y su evolución posterior o animarse siquiera a acompañar, para entender, la frustración contemporánea de buena parte de las aspiraciones de la noble revolución cubana.

Integrar la historia a los proyectos presentes y futuros no es una tarea fácil ni rutinaria. La identidad política nada tiene que ver con la futbolera, donde un hincha sigue sus colores sin límite, mientras los jugadores cambian año a año. Para que la identidad política no se convierta en una caricatura y termine en farsa, es necesario sostener sin claudicar los principios a los que se adhirió, pero a la vez ser capaces de aplicarlos en los nuevos contextos que el mundo ha ido definiendo. Sobre todo hay que asumir que es la hora de la participación masiva, en que haya instancias de deliberación, consenso e implementación con supervisión popular de los proyectos de gobierno.

La disgregación del tejido social ha llegado a niveles límite. Reflejando el aislamiento de los individuos, los teléfonos celulares de último diseño, al ser usados como cámara fotográfica, tienen dispositivos que permiten que el objeto a registrar sea el propio dueño del teléfono, una y otra vez —hasta el infinito— interesado en su propia imagen, más que en detectar gestos, estados de ánimo o siquiera luces y colores de su entorno. Yo soy el centro del mundo, te hacen pensar. Agregando: en realidad el resto no existe, salvo como proveedor de bienes.

Desde el seno mismo de esa sociedad domesticada, ni siquiera resignada, que no conoce —y por momentos parece no querer conocer— ningún marco de referencia distinto de aquel en que se desenvuelve, es necesario que aparezcan y se articulen los casos de producción popular; los reclamos de democracia económica; los intentos de acceder a espacios de poder institucional con banderas nítidamente asociables a un Estado transformador. Son muchas las desventajas en cuanto a la relación de fuerzas y es real la lucha contra la corriente.

El neoliberalismo es claramente consciente que se trata de un proyecto que prolonga la vida de algo que ya no representa una esperanza de mejora presente ni mucho menos generacional para las mayorías. Por eso apela a la manipulación, la extorsión y todo cinismo disponible. Esos recursos son dolorosamente efectivos en la sociedad de masas moderna, a la cual el miedo a ser intelectualmente libres se lo han incorporado en los genes. Contra eso es necesario luchar, pero con la poderosa herramienta de las convicciones superadoras.

Las condiciones positivas son básicas: Se puede ser libre en comunidad; se puede construir desde la propia comunidad ámbitos sin contaminación neoliberal, cuyo retrato diga mucho más que los discursos, sobre su factibilidad superadora; se puede no mentir ni mentirse; se puede transitar por este mundo sin la más mínima duda que nuestra calidad de vida no se monta sobre el deterioro del prójimo.

No es una convocatoria moral o ética. Es una convocatoria estructural, que se consolida por sus resultados morales, éticos y de promoción virtuosa de la comunidad, que dan legitimidad a la propuesta, en un ida y vuelta sin fin.

BUENOS AIRES, JULIO DE 2017

Printed in Great Britain
by Amazon